法學[illegible]

中山大学法律评论

Sun Yat-sen University Law Review

第16卷·第2辑　Vol. 16, No. 2(2018)

邮　箱:sysulawreview@126.com;lawrev@mail.sysu.edu.cn

网　址:http://law.sysu.edu.cn/research/research8/1

地　址:中国广州市新港西路135号　**邮　编**:510275

微　信:SUSYLawReview

微　博:新浪"中山大学法律评论"　**博　客**:http://sysulr.fyfz.cn

主　办　中山大学法学院

襄　助　中山大学法学院方圆学术基金

组　编　中山大学法学理论与法律实践研究中心
　　　　中山大学司法体制改革研究中心
　　　　中山大学法学实验教学中心

SUN YAT-SEN UNIVERSITY
LAW REVIEW

中山大学法律评论

中山大学法学院主办

第16卷 | 第2辑（2018年） Vol.16, No.2 (2018)

主 编 谢进杰
Editor - in - Chief Jinjie Xie

中国民主法制出版社
2018年 · 北京

图书在版编目(CIP)数据

中山大学法律评论. 第16卷. 第2辑/谢进杰主编
. --北京:中国民主法制出版社,2018. 12
ISBN 978-7-5162-1940-9

Ⅰ. ①中… Ⅱ. ①谢… Ⅲ. ①法学—文集 Ⅳ.
①D90-53

中国版本图书馆CIP数据核字(2018)第294954号

图书出品人:刘海涛
出 版 统 筹:乔先彪
责 任 编 辑:陈 曦 许泽荣

书名/ 中山大学法律评论第16卷第2辑
作者/ 谢进杰 主编

出版·发行/ 中国民主法制出版社
地址/ 北京市丰台区玉林里7号(100069)
电话/(010) 63292534 63057714(发行部) 63055259(总编室)
传真/(010) 63056975 63292520
http://www. npcpub. com
E-mail:flxs2011@163. com
经销/ 新华书店
开本/ 16开 710毫米×1000毫米
印张/ 12. 25 **字数/** 173千字
版本/ 2019年1月第1版 2019年1月第1次印刷
印刷/ 北京天宇万达印刷有限公司

书号/ ISBN 978-7-5162-1940-9
定价/ 45. 00元

目　录

主题研讨：科技革命对司法的影响

003　无须诉讼的司法秩序

——科技革命对纠纷解决模式的影响　/ 黄彩华

016　以智为鹰：人工智能法院应用准入“VFE”法

——基于法院场域角色的精准建构　/ 傅文华

031　互联网金融消费公益诉讼制度适用研究　/ 朱伦攀

043　民事诉讼中即时通讯记录的证据采用进路　/ 张鸣鸣　邓咏诗

058　线上支付案件多层次证明规则的司法运用　/ 潘　锋　杨斯森

071　司法精英与“计件工人”

——法官工作量的统计学模型测算　/ 柯抗抗

089　审判工作量何以最优：民事审判单元的“帕累托效率”

——以C市基层法院为例　/ 洪泉寿

103　从“量”到“质”的司法品牌塑造

——法院自媒体的瓶颈之困与出路　/ 罗文君

论文

119　从“个案智慧”到“类案经验”：指导案例裁判规则的发现及适用研究 / 谢春晖

评论

135　“以审判为中心”的实证图景与理想建构
——以2185份刑事裁判文书为分析视角 / 邓丹云　苏映霞

争鸣

155　感性共识与程序正义：执行实施标准体系对执行难的理性否定与现实发展 / 杜佳鑫

阅读经典

169　功能校正与审级改造：同类案件法律适用差异的规制
——以雇员伤亡的雇主责任判例为视角 / 陈　迪

Table of Contents

Symposium

The Influence of Scientific and Technological Revolution on the Administration of Justice

003 The Judicial Order without Actions

——the Influence of Scientific and Technological Revolution on the Mode of Dispute Resolution / *Huang Caihua*

016 Let Smart Be Just: the Application of VFE Principles to the AI Court

——Based on the Accurate Role Construction in the Field of Court / *Fu Wenhua*

031 A Research on the Application of the ITFIN Consumer Public Interest Litigation System / *Zhu Lunpan*

043 The Outlet of the Admissibility of Immediate Communication Records as Evidences in Civil Procedure / *Zhang Mingming Deng Yongshi*

058 The Judicial Application of Multi-level Proof Rules to Online Payment Cases / *Pan Feng Yang Sisen*

071 Judicial Elites and Piece Workers

——a Statistical Model Calculation of a Judge's Workload / *Ke Kangkang*

089 The Optimal Arrangement of Judicial Workload: the Pareto Efficiency in Civil Trail Unit

——Taking the Basic People's Court of C City as an Example / *Hong Quanshou*

103 The Judicial Brand Building from Quantity to Quality

——Dilemma and Outlet of the Court's Self-media / *Luo Wenjun*

Articles

119 From the Intelligence in Individual Cases to the Experience from Kindred Cases: a Research on the Discovery and Application of Judicial Rules in Guiding Cases / *Xie Chunhui*

Comments

135 The Empirical Prospect and Ideal Construction of Trail Centered Judicial System

——Based on 2185 Criminal Adjudicative Documents / *Deng Danyun Su Yingxia*

Academic Debate

155 Perceptual Consensus and Procedural Justice: Implementation Standard System's Rational Denial and Realistic Influence on the Difficulties in Execution / *Du Jiaxin*

Reading of Classic

169 Functional Correction and Judicial Hierarchy Reform: the Regulation of Different Applications to Kindred Cases

——Based on Cases Concerning Employers Assuming the Liabilities for Employees' Injuries / *Chen Di*

主题研讨 ——科技革命对司法的影响

Symposium

The influence of Scientific and Technological Revolution on the Administra-tion of Justice

无须诉讼的司法秩序

——科技革命对纠纷解决模式的影响

黄彩华*

【提　要】　在当前司法开启“互联网+”新时代、最高人民法院倡导建设智慧法院的背景下，全国多元化纠纷解决机制示范法院E法院开发交通事故网上办案平台，并开发全国首个交通事故赔偿计算器微信小程序后，引发法院办案资源节省、交警部门调解率提高而调解付出减少、保险公司交通事故调解率提高、事故伤者减少维权成本等蝴蝶效应。E法院处理该类纠纷经历了从“纠纷来了怎样办”到“纠纷来之前怎么消化”的变化轨迹。在案多人少、司法资源有限的情况下，法院应以科技与司法结合的智慧创造在社会治理中的新空间，通过“无须诉讼、无须法官”形式在法院之外解决纠纷，促成无讼的司法秩序。一是重视司法的权威性，提升司法裁判技术的公信力；二是发掘司法的需求点，提升司法裁判技术的实用性；三是发展司法的智能化，促进非诉纠纷解决机制。使法院发挥司法能动性而不失中立原则，以司法规则提前影响而无须实体介入，以网络共享技术节约社会整体资源，促成利益主体自行化解纠纷，减少诉讼，促进社会治理。此外，在享受科技司法进步的同时也应注意可能出现的新问题。

【关键词】　纠纷解决模式　诉讼　司法秩序　社会治理　科技革命

* 广东省东莞市第二人民法院审判员，Email：hch0769@163.com。

一、引言：命题及其背景

科技改变了人们的生活，也改变着法院解决纠纷的方式。近年来，"互联网+"猛烈冲击了传统的司法理念，建设智慧法院的浪潮方兴未艾[1]。在社会纠纷日增、法院收案居高不下的背景下，如何以科技革命促进非诉纠纷解决，成为司法新热点。本文以全国多元化纠纷解决机制示范法院E法院开发交通事故网上办案平台以及全国首个交通事故赔偿计算器微信小程序所引发法院、交警、保险公司、律师、当事人等处理交通纠纷群体的蝴蝶效应为研究样本，追溯了处理该类纠纷从"纠纷来了怎样办"到"纠纷来之前怎么消化"的变化轨迹，提出法院应延伸司法保障，将司法裁判技术借助网络科技向全社会共享，促成利益主体在矛盾一线自行化解纠纷，以"无须诉讼、无须法官"的司法智慧在法院之外消化纠纷。在社会治理的大格局中，法院发挥司法的能动性而不失司法中立原则，以司法规则提前影响而无须实体介入，以网络共享裁判技术节约社会整体资源，在纠纷离法院尚远的时空减少进门案件的形成，这种处理社会纠纷的思路变革是可贵的，值得重视和深入探索。

二、趋势：科技革命驱动社会纠纷解决模式的改变

"科技驱动法律"，是近年法律界流行的名言。还有句话亦值得注意："让法律变得更简单。"它们的背后，都隐含着现代科技对社会纠纷解决模式的影响。在法院普遍案多人少的局面下，如何利用科技力量探索有效的诉外化解纠纷新模式，是亟须认真对待的问题。

（一）现实困境：法院诉讼资源不足亟待加强诉外化解

法院诉讼资源作为公共资源，供应是有限的，取决于地方发展水平、人力编制、资源分配等因素。而社会纠纷解决的司法需求是无限的，两者必然形成

---

〔1〕 以互联网法院为例。2017年8月，全球首个互联网法院杭州互联网法院成立。2018年7月，中央决定在北京、广州增设互联网法院。参见王峰：《北京广州增设互联网法院更注重管辖权创新》，载《21世纪经济报道》2018年7月10日，第8版。

一定的紧张关系。要缓解这种局面，加强纠纷的诉外化解成为必然选择。

1. 法院诉讼资源难以满足现实需要。随着2007年4月1日诉讼收费标准大幅下调以及2015年5月1日法院立案登记制实施，法院多年总体收案呈大幅增长趋势，面临前所未有的挑战。一是司法资源有限，难以满足日益增长的司法需求。2007年，全国结案885.1万件，法官18.9万人[1]。2017年，全国结案超过2200万件，法官实行员额制改革从21万多人减为12万多人[2]。二是司法效能相对不足，难以胜任日益繁重的办案压力。2007年全国法官人均办案46.83件，2017年全国员额法官人均办案189件[3]，10年间增长4倍。三是外部环境日益复杂，司法公信力面临严峻挑战。随着网络发展，新媒体兴起，公众对司法的要求越来越高，法院工作面临越来越大的社会考验。

2. 法院工作量超负荷引发负面效应。由于生理和心理存在极限，"法官审判工作极限是客观存在的。"[4]在资源有限的情况下，案多人少局面长期存在，将引发诸多负面效应。一是影响案件质量。要办好案件，法官须充分查清案情，跟当事人有效沟通，精心打磨法律文书。精力有限，必然会影响办案质量。二是影响公正及时实现。"迟来的正义非正义"。但因工作负荷过重，案件久拖不决的情形屡见不鲜。三是影响司法公信。如办案质效难以保证，当事人往往会质疑法官的业务能力和作风，影响对司法的信任。四是影响法院发展。法官无暇充电，长期身心疲惫，有可能加剧人才流失，也会影响法院对优秀毕业生的吸引力，不利于法院长远发展。

3. 加强诉外纠纷解决成为必然选择。在诉讼资源紧张的情况下，通过诉外纠纷解决方式弥补诉讼救济渠道的局限性是大势所趋。2014年，党的十八届四中全会通过《中共中央关于全面推进依法治国若干重大问题的决定》，提出要完善多元化纠纷解决机制。2015年，中央全面深化改革领导小组通过《关于完善矛盾纠纷多元化解机制的意见》。2016年，最高人民法院发布《关于人民法院进一步深化多元化纠纷解决机制改革的意见》。在多元化纠纷解决机制中，作为社会矛盾解决的集中点和社会公平正义的最后保

---

〔1〕 参见《2010年最高人民法院工作报告》。

〔2〕 参见《2018年最高人民法院工作报告》。

〔3〕 参见《最高人民法院工作报告解读系列访谈》，登载于"中国法院网"，网址：https://www.chinacourt.org/chat/chat/2018/03/id/49277.shtml，访问时间：2018年7月1日。

〔4〕 杨晓玲：《法官审判工作极限研究》，《法律适用》2011年第5期。

障，法院成为一支核心力量。法院要积极发挥其作用，在诉讼之外引领当事人提高自行处理矛盾的能力，须解决纠纷观念的更新、平台的搭建以及科技的推动。

(二)思路前瞻：网络科技为化解纠纷新模式提供条件

近年，共享单车等以网络共享为基础，服务社会同时成就自我的新生事物，改变了人们的出行观念，也改变了社会资源分配的传统观念。共享、自治的社会发展理念，已逐步深入人心。在法律领域，共享的理念亦得到推广。云端律所、法律电商、法律机器人等新事物相继出现。有律师事务所推出“无讼”业务，为企业提供法律风险防控和事务处理等服务，降低企业管理成本和运作风险。有法律人工智能平台让机器读懂海量法律文书，为法律人实现类案推送等。近年来，法院系统兴起以电子送达、在线调解、诉讼机器人、网上法庭等为代表的智慧司法浪潮。运用网络技术和大数据智能化，提高办案质效，推动法院工作现代化，已成为共识。2016 年，最高人民法院提出要推动人工智能在司法领域的应用。“面对科技革命和经济社会发展对审判工作带来的机遇和挑战，建设智慧法院是确保司法公开透明、公正高效，促进审判体系和审判能力现代化的必然要求。”[1] 2017 年，国务院印发《新一代人工智能发展规划》也提到了“智慧法庭”。“大数据、人工智能新时代，我们不仅站在‘巨人’的肩膀上，而且站在人类的‘智慧之巅’。‘案多人少’能否成为历史，就看科技革命的成果，能被用到什么程度。”[2]

跟共享理念同样值得关注的是自治理念。以裁判文书上网的影响为例。近年，最高人民法院大力推动裁判文书全面上网，法院的裁判智慧结晶成为全社会可共享的财富。许多学者将裁判文书网作为实证研究的重要资源库，许多法官、律师在此寻找类案判决用于办案参考，有媒体在此寻找深度报道线索，有企业将裁判文书大数据分析用于法律服务，有市民将其作为重大法律抉择的参考……以上种种，均会影响各社会主体对自身或周边法律行为的判断，从而影响其抉择和行为，进而实现一定社会自治功能。

---

[1] 乔文心：《周强在第十三次上合组织成员国最高法院院长会议上作专题发言时表示顺应信息时代发展趋势 全面加强智慧法院建设》，载《人民法院报》2018 年 5 月 26 日，第 1 版。

[2] 《孟建柱 20 个“金句”闪亮全国司法体制改革推进会》，登载于“中国长安网”，网址：http://www.chinapeace.gov.cn/2017-07/11/content_11419128.htm，访问时间：2018 年 7 月 1 日。

“科学技术的迅猛发展，特别是计算机的迅速普及、网络通信技术的广泛运用，缔造了一个以信息化为核心的时代。在这个时代里，人与人之间的山川阻隔被彻底消除，整个世界成了平的。”[1]司法和科技的深度融合，为智能、高效解决纠纷提供了条件。从法律经济学角度看，司法智能化的共享，正有利于提升纠纷处理效率，及时保护当事人合法权益，节约社会总成本。在法院引领的多元化纠纷解决机制中，应充分发挥网络科技跟司法技术结合的作用，为社会治理拓宽广阔的共享、自治空间。

三、样本：交通纠纷处理新模式引发的蝴蝶效应

以共享、自治理念融入法院诉讼之外的纠纷解决方式，已有初见成效的样本。以E法院交通事故网上办案平台、赔偿计算器微信小程序上线引发的蝴蝶效应为例，可观察司法裁判技术是如何通过网络共享提前介入解决纠纷，其纠纷解决思路是如何变迁的。为此，笔者对相关法官、交警、保险公司理赔员、律师、当事人等人员进行了调查。

（一）交通纠纷网上处理的新模式

2015年起，G省D市E基层法院通过购买社会服务，与科技公司联合开发交通事故纠纷网上数据一体化处理平台。2016年12月，E法院交通事故网上办案平台上线，网上立案、电子送达、在线调解开庭一站式处理，全程智能化和公开化。内嵌裁判标准与理赔计算器，可自动生成法律文书，办案人员只需核对修改。办案平台有“案件预判”“我要起诉”“我的诉讼”等板块，供法官（调解员）、当事人（律师）、保险公司使用。当事人可通过“案件预判”板块了解大致赔偿额。如涉保险公司，由保险公司先进行在线调解。达成协议的，可向法院申请司法确认。

2017年10月，E法院开发的“D交通事故人伤计算器”（微信小程序版）上线。网民可在E法院和D市交警的官方公众微信号上找到相关端口。当事人在自行协商、交警组织调解或向法院起诉前，均可用该小程序自行计算

---

〔1〕［美］托马斯·弗里德曼：《世界是平的：21世纪简史》，何帆等译，长沙：湖南科学技术出版社，2006年，第42页。

赔偿金额。小程序录有交通事故常用法律法规及近三年G省人身损害赔偿标准,内置全市交通案件通常裁判标准,当事人输入基本数据,即可得出人身伤亡(不含财产)赔偿金额,帮其建立合理预期,有利于促成调解,尽量避免诉讼。

网上办案平台和微信小程序的相同之处在于:其内置计算均可提高赔偿计算的统一性和准确度,减少人工计算误差。不同之处在于:登录平台要用台式机或手提电脑,而小程序只需一部装了微信的智能手机,操作更简便。平台的使用是诉前调解和网上办案相结合,当事人一般是已准备起诉,往往已请了律师;小程序的使用范围要广得多,侧重于事故发生后即可自助计算化解纠纷,比平台更靠前。调查中,平台和小程序开发主要负责人Z法官[1]谈及为何在平台之后继续开发小程序时表示:

"办案要实现智能化,也要考虑到纠纷解决的前瞻性。在我们案多人少的情况下,通过无须诉讼、无须法官的方式,在纠纷一线就能通过司法裁判技术的智能介入,提前实现纠纷解决的功能,这点很重要。"

(二)对交通纠纷处理有关群体的积极影响

截至2018年6月22日16时,上述网上办案平台注册用户678个,微信小程序使用64022人次。上线以来,对相关法院、交警部门、保险公司、律师、当事人处理纠纷均产生了积极影响。

1. 对法院办案的影响,E法院的交通案件审理发生了显著变化

一是节约人力。对比传统办案方式,交通事故审判庭完成同样工作,可减少1/3法官。近年来,该院交通案件收案数量间有反复,总体下降,从2015年1705宗、2016年1356宗到2017年1673宗。2018年上半年收案629宗,同比降幅超过10%。2015年是全庭办案人员最高峰时期,有法官7人,工作人员21人。2018年6月,E法院撤销原交通事故审判庭,改设交通事故审判合议庭,法官减为3人,工作人员减为10人[2]。跟2015年相比,总收案下降超过20%,人力节省则超过50%,人力降幅远高于收案降幅,可节省资源用于其他审判业务。

---

〔1〕 Z法官,从事交通案件审判14年,访谈时间:2018年6月22日。

〔2〕 E法院的交通案件除了主要由交通事故审判庭处理外,立案庭速裁小组每年分流了两至三成不等。网上平台开发后,法官逐步减为4人,工作人员逐步减为12人。

二是节约物力。使用该平台后，E 法院一年仅送达邮费可节省约 3.5 万元、纸张节省约 3.3 万张。小程序的使用更为便捷，几乎是零成本。

三是统一赔偿计算尺度。上述平台和小程序的内置计算标准统一、公开、自动化，有利于统一计算赔偿金额的尺度，增加透明度和公平度，也避免了调解员在主持调解时过于脱离裁判标准或者法官在处理纠纷时滥用自由裁量权。

四是帮助案件繁简分流。上述平台和小程序的适用范围，限于事实较清楚、法律关系较简单的涉人身伤亡交通纠纷，即将部分简单纠纷过滤了一遍，法官可把更多的精力放到复杂案件上。

2. 对交警部门的影响

小程序上线后，D 市交警支队要求全市一线交警推广使用。交警部门认为，小程序的使用对交警的事故调解效果有明显帮助。

一是交通事故的调解率有所上升。2018 年 1 至 5 月，D 市车辆保有量 2 758 706辆，同比增长 13.57%；伤亡交通事故总数 2591 宗，同比增长 14.48%。在车辆和事故绝对量增长的情况下，交警部门调解中心对伤亡事故调解成功率高达 80%，比以前有所提高。交警部门表示此与小程序有直接关系。

二是交警的调解工作负荷明显减少。一线交警普遍反映，该小程序高效实用、直观易懂，可操作性强，无须像往常那样对当事人费尽口舌进行解释。

三是当事人的诉讼意愿有所下降。在交警部门处理事故的当事人普遍反映该小程序方便易懂，认可其计算结果，使用后仍表示去法院起诉的情况有所减少。

3. 对保险公司的影响

根据对中国人民保险公司、中国平安保险公司、太平洋保险公司在 D 市分公司的调查，均反映由于 D 市机动车保有量持续增长，其公司业务量增长，理赔业务绝对量是增长的，但调解率均比使用小程序前有所提升。以中国人民保险公司 D 市分公司 Y 理赔员的访谈情况[1]为例。他表示：

小程序上线以来，由于全市车辆保有量增长，公司投保业务量是增加的，相应事故绝对量上升，但调解率是上升的，诉讼比例下降。当事人如不相信理赔员计算的，理赔员会用小程序演示给他看。有法院公信力在，比我们说的效果好，当事人更易接受。

---

〔1〕 Y 理赔员，从事保险理赔工作 15 年，访谈时间：2018 年 6 月 22 日。

当事人自行协商的,小程序用得多;如有律师介入,大家都比较专业,小程序相对用得少。网上平台一般是当事人决定起诉后才使用的。

网上平台、小程序是不错的新事物,新闻和微信朋友圈都有传播,车险圈子一般都知道。但交通事故伤者多是底层外来务工人员,很多还是不了解,要加强有效宣传。关键要抓住车主群体,如通过驾协、交警办证和年审部门。

此外,对部分交通事故当事人和律师的随机抽样调查情况,也基本验证了上述调查和访谈的相关内容。

综上,交通事故网上办案平台、微信小程序上线后,产生了一系列蝴蝶效应。尽管当地车辆保有、伤亡事故、理赔业务的绝对量都是增加的,但处理纠纷的变化现象耐人寻味:法院办案资源节省了;交警部门事故调解率上升而所需人力减少了;保险公司调解率提高诉讼比例降低了。当然,最大受益者是交通事故伤者,可以更便捷地自助了解相关法律规定、理赔标准和金额,有助达成调解,避免诉讼,减少维权成本。整个社会为处理交通事故的资源都得到节约,并促进了处理的效率、透明及和谐。

(三)小结:交通纠纷处理从“进门”到“出去”

任何改革都有其发展的历史基础,有其变化脉络。通过追根溯源,我们才能更好地理解和完善改革的思路。E法院采取网上办案平台、微信小程序的方式提前化解交通纠纷,这种解决思路是如何变迁的呢?在此有必要追溯D市法院处理交通案件的轨迹。

1. 加强办案力量走向专业审判

2008年1月1日前,D市仅有一个基层法院即原D市人民法院。因经济发达,交通案件多,八成以上涉外地车辆或外来务工人员,处理难度较大,原D市人民法院于1998年成立了全国首个交通事故审判庭,当年收案224件。2004年《中华人民共和国道路交通安全法》实施,取消了交警部门调解前置程序,当年法院收案猛增到2137件[1]。2008年1月1日,D市原人民法院拆分为三个基层法院,均成立交通事故审判庭。2013年全市基层法院

---

〔1〕 笔者作为当年交通案件办案大军中的一员,繁琐、易出错的赔偿项目计算,成为该办案生涯的深刻记忆。

交通案件已超过5600件，为10年前2.6倍多。

2. 加强外部协同消化“进门”案件

由于交警部门调解前置程序取消以及交警的法律专业性不足，当事人更相信法院的裁判，导致交警调解数量和效果的弱化。许多当事人不得不陷入成本较高的漫长诉讼中，影响了受害人及时救济和社会稳定。原D市人民法院与交警部门经联席会议，确定经交警主持或当事人自行达成调解协议的，可由法院出具民事调解书。此外，法院与市保险协会、各保险公司联合推行保险和解制度，保险和解员主要参与法院交通案件的调解，亦可应交警邀请参与调解。E法院成立后，延续原做法并深入推进。2011年11月，经与交警部门、保险协会沟通，E法院设立保险和解工作室，保险公司派保险和解员进驻，开展一站式理赔服务。如和解不成，转法院立案庭快速裁决或交通事故审判庭审理。当事人可节约诉讼成本，保险公司可适度节省赔偿金并树立服务口碑，法院也可节约司法资源。

3. 走向纠纷源头提供司法技术

交通事故网上办案平台的设立，缘于响应最高人民法院对“智慧法院”建设的号召。交通事故赔偿计算器微信小程序的设计，缘于D市交通警察支队向E法院提及，有一线交警对理赔计算不熟，影响调解，希望法院协助。平台和小程序上线后，D市交警支队、市保险行业协会均有推广。2018年4月，在吸收E法院上述小程序开发经验的基础上，G省道路交通损害赔偿计算器微信小程序与G省道路交通事故纠纷一体化处理网上平台同步上线。

另值得一提的背景是，D市全市法院从21世纪初起每年收案逐年增长。全市法院案件2002年为2万多宗，2017年上升为18万多宗。全市法官人均结案2016年为291.3件，数量连续十年居全省第一[1]；2017年为335.07件，同比上升15.03%[2]。

从上述轨迹可见，在案多人少的压力下，E法院以交通纠纷处理模式为突破口，选择了从“进门”到“出去”的路径。从重视“纠纷来了怎么处理”的专业审判和联合调解，发展到“纠纷来之前怎么消化”的提供司法技术社会共享，促进事故一线各利益主体自助消化纠纷，以“无须诉讼、无须法官”的司法智慧，减少上门案件，节省办案资源，亦节约整个社会成本。在收案总

---

〔1〕 参见《2016年D市中级人民法院工作报告》。

〔2〕 参见《2017年D市中级人民法院工作报告》。

数连年增长、办案压力较大的情况下,E法院借助网络科技的力量,使交通案件呈现收案下降和办案资源大幅节省的局面,难能可贵。以往法院在多元化纠纷解决机制的主流做法,偏重于立案和审前阶段的纠纷化解。如今追溯而上,司法力量提前介入纠纷源头,是化解纠纷思路的一种飞跃进步。

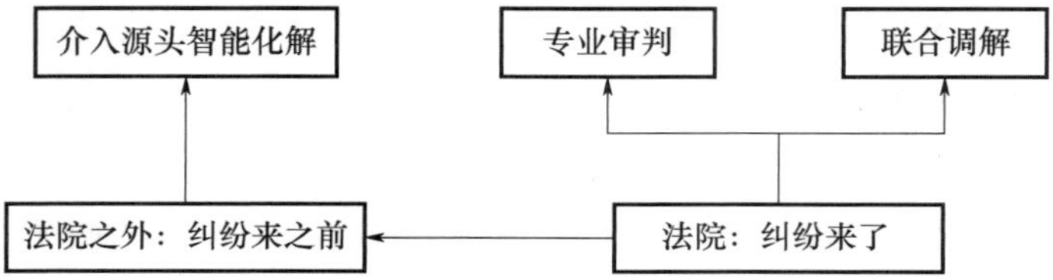

四、探索:司法在智能时代纠纷解决的新空间

良好的社会治理环境,离不开司法秩序的保障。中国改革开放40年来高速向前发展,从未像今天这样,面对如此纷繁复杂的社会治理局面,须认真思考和对待秩序的价值,以及如何更便利和有效地解决纠纷,创造更有效率和减少资源损耗的社会秩序。

(一)法院在解决纠纷中应发挥的社会作用

当前,我国处于社会深刻变革阶段,公民法律观念大为增强,社会矛盾呈现多样化和复杂化,社会治理面临巨大压力。党的十九大报告提出,要打造共建共治共享的社会治理格局,“加强社会治理制度建设,完善党委领导、政府负责、社会协同、公众参与、法治保障的社会治理体制,提高社会治理社会化、法治化、智能化、专业化水平”。法院的司法权是国家权力重要组成部分,是社会治理的法治保障。“社会治理具有主体多元化特征,国家权力、地方力量、社会组织、广大民众等在其中相互交叉、彼此影响。对这种复杂的互动关系需要进行必要的规范和调整,而法治就是最有效的规范和调整手段之一。”[1]作为社会公平正义保障的最后一道防线,在新时代社会治理格局中,法院应当有更大作为。

1. 发挥司法的能动性

作为中立裁判机构,法院的司法活动在本质上具有被动性,但亦有广阔

〔1〕 潘静:《运用法治提升社会治理水平》,载《人民法院报》2018年1月3日,第2版。

的能动性空间。法院除了办好案件,还应立足国情,在遵循法治原则和司法规律的前提下,积极发挥司法能动性。发挥能动性,并非僵硬地要揽案上门或为企业提供服务,而是在恪守司法中立的基础上,关注社会司法需求,将司法的裁判技术和指引力量,延伸到社会组织、当事人可接触的范围,促其有效解决纠纷。

2. 打通社会协作的链条

作为社会关系有机联系整体中的一员,法院应积极整合社会资源,特别是加强与政府职能部门、社会纠纷处理组织的协作,打通社会协作的链条,形成合力,有效回应社会司法需求。如样本中 E 法院的交通纠纷处理新模式取得成效,很大程度归功于法院发现了不同社会群体在处理交通纠纷中的司法需求,与交警部门通力合作,以及保险公司的大力配合。

(二)法院在解决纠纷新模式中的能动空间

对纠纷解决的探讨,如限于法院审判本身,视野未免过于狭隘。近年多元化纠纷解决机制的探讨,多局限于纠纷已到了法院门口的各种方式的调解,须进一步突破。在科技革命的浪潮下,创新司法观念,整理司法裁判技术,运用网络科技和司法公信力,打破信息孤岛,让纠纷自然消弭于前来法院的路上,建立无须诉讼而隐含司法力量支撑的秩序,服务社会大局,应是未来司法改革的一个可行方向。

1. 重视司法的权威性,提升司法裁判技术的公信力

司法裁判技术的指引和预测作用,以司法的公信力为依托。一是提升司法裁判的权威性。作为审判机关,法院努力办好每一宗案件,树立司法权威和公信力,让社会感受到法律的公平正义,产生对司法的信赖,是其本职工作的应有之义。二是加强司法活动的公开性。公平和正义应当以看得见的方式实现,使公众对司法有信任感。规范办案程序,对当事人公示办案流程节点。加强说理,裁判文书展现裁判思路过程,以理服人。只有法院的司法权威性得到公众认可,司法裁判技术才具备理所当然的公信力基础。

2. 发掘司法的需求点,提升司法裁判技术的实用性

法院"受理的各类案件是社会经济发展的'晴雨表',是社情民意的'风向标',人民法院作出的判决、形成的案例是司法公共服务产品,是进行国家

治理的重要依据"[1]。法院应与社会良性互动,以问题为导向,发掘司法的需求点。一是加强实证调查研究。"没有调查研究,没有发言权。"[2]纠纷从哪里来,有何特点,有何处理难点,有哪些利益主体的力量可以发动,哪些处理环节可以改进,需要脚踏实地的调查。可通过专题座谈会、问卷调查、委托第三方机构调查,征求民众对司法工作的改进意见。通过调研,法院可更好地发现法院处理纠纷乃至所在的整个社会环境处理纠纷存在的不足之处,启发新的纠纷解决思路。二是拓宽司法资源配置。除了优化内部资源办好案、快办案外,法院也应更新司法资源配置的理念,抽出部分人力物力,对非诉解决纠纷方式进行探索,进而调动外部社会力量,设法将更多纠纷化解于门外。在自身资源不足情况下,可采取政府购买服务的形式,跟有技术实力的社会组织合作。

3. *发展司法的智能化,促进非诉纠纷解决机制*

做好上述工作,将为促进非诉纠纷解决机制创造前提条件。结合互联网技术,发展智慧司法,是势不可挡的潮流。"在司法现代化体系中,我们秉持共享共治思维,运用互联网构建新型在线纠纷解决机制,是体现司法能力现代化的重要标志之一。"[3]一是要重视智能化解决纠纷阶段的前瞻性。目前,多家法院在司法智能化在线解决纠纷的方面迈出尝试。除了上述E法院交通事故网上办案平台、微信小程序的例子外,深圳市福田区人民法院上线的"融平台"(即多元化纠纷解决机制信息化平台)可在线联调立案、在线调解、在线司法确认、类案推送、在线评议、调解不成一键转诉讼立案,[4]即亦有将纠纷解决在诉前的功能。如加大将纠纷解决端口继续前移的工作,司法技术的网络共享向前延伸,加强当事人自助解决纠纷的能力,则可把纠纷更早地化解于萌芽阶段,减少诉讼形成。二是要重视智能化提前化解纠纷模式的推广性。除了交通事故纠纷外,其他特定类型纠纷的诉前阶段处理,亦可考虑参照这种模式。如劳动纠纷可考虑在村(居)委会劳动服务站、劳动仲裁庭、工会、人力资源局等机构中推广相关智能小程序或者网上调解诉讼资讯平台。此外,法院应创新传播方式,注意传播渠道和技巧,积极推

---

[1] 罗书臻:《加强案例研究 提升司法能力和水平》,载《人民法院报》2017年7月30日,第1版。

[2] 参见《毛泽东选集》(第一卷),北京:人民出版社,1991年,第10页。

[3] 龙飞:《中国在线纠纷解决机制的发展现状及未来前景》,《法律适用》2016年第10期。

[4] 伊宵鸿、邬晨曦:《福田区法院"融平台"正式上线》,载《深圳晚报》2017年11月2日,第A14版。

广,让公众及时了解司法改革资讯,更便捷地接受纠纷解决的新方式。

如此,当法院做好专业审判的本职工作,司法裁判技术成熟,公平正义彰显,司法公信力自然树立起来。通过调研发掘司法需求点,在法院之外,延伸司法审判智慧,网络共享司法技术,以司法公信力为背书,帮助政府部门、其他社会组织解决纠纷,并帮助当事人提升自助消化纠纷的能力,在源头上减少冲突加剧,趋向少讼、无讼〔1〕的司法秩序自然形成。

五、结语:认真对待科技革命对司法的影响

"人类社会的目的不在于消灭社会冲突与纠纷,而在于避免过于激烈的社会冲突与纠纷,并寻求解决社会冲突与纠纷的有效途径。评价社会文明与社会秩序的基本依据是纠纷解决机制的健全程序及其对实现社会冲突的排解能力和效果。"〔2〕按目前我国社会发展势头,纠纷增长仍是必然趋势。"国家规制及其司法权威与基层地方共同体及其调解相互协调,有可能形成合理、有效、低成本的治理格局。"〔3〕法院如何参与社会治理,背后有许多影响因素,亦承载着其价值取向和责任担当。以科技革命推动司法裁判技术的智慧应用,改变纠纷解决模式,打造无须诉讼的司法秩序,是值得思考的改革方向,亦有无限可能的发展空间。本文所举的 E 法院网上办案平台和小程序的例子,只是一个初步尝试。未来,"互联网 +"将给司法实践和司法制度带来更多新的进步,也可能会带来新的困惑。科技永远只是人类前进的辅助手段,"不能过分迷信技术,而忽视了人的主观能动性、常识的重要性以及人民群众朴素的正义感的重要性。"〔4〕促进纠纷的解决,仍应以司法秩序为基础,在法院主导推进下不断完善。

(初审:谢进杰)

---

〔1〕"无讼"出自《论语》:"听讼,吾犹人也,必也使无讼乎。"从"听讼"趋向"无讼",是中国传统儒家的法治理想状态。

〔2〕廖永安:《民事诉讼理论探索与程序整合》,北京:中国法制出版社,2005 年,第 9 页。

〔3〕范愉:《诉讼社会与无讼社会的辨析和启示——纠纷解决机制中的国家与社会》,《法学家》2013 年第 1 期。

〔4〕辛红:《大数据人工智能助力司法改革》,载《法制日报》2017 年 9 月 18 日,第 2 版。

以智为鹰：人工智能法院应用准入“VFE”法

——基于法院场域角色的精准建构

傅文华*

【提　要】 法院场域人工智能的基本愿景是让包括法院人在内的各方人员的智力进一步解放、延伸、拓展，全方位地改变法院场域各方角色的组织、建设、运行和管理形态。人智关联要件、现代IT要件、法院生态要件是法院场域人工智能的三大构成要件。中国法院人工智能应用覆盖审判、执行、诉讼服务、司法公开、行政管理、决策服务等层面，呈现出“不对称困境”，表现在：认识与实践不对称、地区间发展不对称、技术工种间不对称、主体应用间不对称、应用领域间不对称。境外法院人工智能准入总体处于起步阶段，相对具有组织基础和学术氛围。境内法院人工智能准入类型包括精准引入型、政策推进型。人工智能法院准入应当坚持价值衡量原则、场域分析原则、伦理协调原则，以《最高人民法院印发〈关于加快建设智慧法院的意见〉的通知》为总纲，综合考虑产用研因素进行准入调整。为契合“智慧法院”建设思路和法官员额制、人员分类管理改革等全面司法体制改革精神，应以“人本主义”思路布局法院人工智能准入，基于法院场域角色及其关系精准嵌入人工智能。据此，可勾勒出员额法官、审判辅助人员、司法警察、司法行政人员、诉讼参与人、人民群众、法院个体有关外单位七种角色的人工智能准入形势，并建议提出《中国法院人工智能应用宣言》和制作准入指引演示H5二维码，以期促进法院人正确认识、应用法院人工智能，推动形成诉讼参与人、社会公众、法院工作有关外单位的认同。

【关键词】 人工智能　智慧法院　“VFE”法

* 广东省东莞市第三人民法院政工科副科长。Email：frolhua@163.com。

最高人民法院院长周强指出，智慧法院“是依托现代人工智能，围绕司法为民、公正司法，坚持司法规律、体制改革与技术变革相融合，以高度信息化方式支持司法审判、诉讼服务和司法管理，实现全业务网上办理、全流程依法公开、全方位智能服务的法院组织、建设、运行和管理形态〔1〕”。当前，以司法公开为引领、以全面司改为内核、以维护公义为宗旨所驱动的人民法院信息化3.0版建设正在全力推进，大数据、云计算等人工智能前期技术在部分法院试水成效渐显，以“智慧法院人工智能系统”研究计划为目标的司法人工智能构建思路已在国家层面展开〔2〕。在“智慧法院”建设进程中，人工智能应用正呈现出独特的法院烙印。

一、界定：法院场域人工智能的愿景与要件

（一）法院场域人工智能的基本愿景

“每当一门新的科学首次实现了巨大的进步时，它的热心追随者总是幻想着现在所有的问题都解决了。”〔3〕达特茅斯会议并未对“人工智能”一词作出明确的科学定义，这一基础性认识分歧的影响延续至今〔4〕。尽管如此，我们基于人类发展人工智能的“达特茅斯初心”和“智慧法院”要义，依然可以描绘出法院场域人工智能的基本愿景：法院场域人工智能是法院工作中完成需人的智力胜任的事项的人工能力，它让包括法院人在内的各方人员的智力进一步解放、延伸、拓展，将人类从要式化的涉法院事务类事项中解脱出来，并在一定程度上辅助涉法院深层次事项，例如辅助决策等，全方位地改变法院场域各方角色的组织、建设、运行和管理形态。

---

〔1〕 罗书臻：《周强在第二届中国—东盟大法官论坛上作专题发言时表示 充分运用信息手段 加快建设智慧法院》，载《人民法院报》2017年6月9日，第1版。

〔2〕 中国法院正在探索开展“智慧法院人工智能系统”研究计划。参见李强《智慧法院：科技助飞公正加速》，载《人民法院报》2016年12月31日，第2版。

〔3〕 ［美］皮埃罗·斯加鲁菲：《智能的本质 人工智能与机器人领域的64个大问题》，任莉、张建宇译，闫景立审校，北京：人民邮电出版社，2017年，第44—45页。

〔4〕 现今人工智能领域最重要的教材对“人工智能”的定义也没有统一的概括介绍，而是按照两个维度排列的8种定义分别阐述。参见［美］斯图尔特·J. 罗素、彼得·诺维格《人工智能：一种现代的方法》（第3版），殷建平、祝恩、刘越、陈跃新、王挺译，北京：清华大学出版社，2013年，第3—6页。

（二）法院场域人工智能的构成要件

1. 人智关联要件

这是法院场域人工智能的核心要件。即法院场域人工智能与人的智力规律相关联，可以能动地反映人的智力规律。该要件将法院场域人工智能与法院工作的单纯信息化、数据集中化区别开来[1]。现实舆论生态下，“人工智能现在已经成为‘在超级计算机上运行计算密集型程序’的代名词”。（Piero Scaruffi 语），但暴力计算、重复性动作或程序的高效完成不是法院场域人工智能的本意。

理解的关键点在于“关联”。联系法院场域具体特点，法院场域的人智关联是指人工智能在独立处理法院工作中各种已知和未知问题时所表现出的智力能动性[2]，在横向上表现为智的“自适应”，在纵向上表现为智的“可成长”。这一智力能动性不以人类智力为参照或限制，可以是完成人的智力所能胜任的涉法院事项，也可以完成人的智力尚不能胜任的涉法院事项，即智力能动性与人的智力是相当或相似。之所以表述为相当或相似而非相等，是因为人类是生物体、法院场域人工智能是技术体，这决定了二者在人的智力规律应用方面不会等同（事实上也无法等同）。

2. 现代 IT 要件

该要件明确法院场域人工智能的生成时间、技术属性，即基于法院独立开发、或者与其他单位合作开发或者引入外单位开发等途径的以大数据、云计算为基础的现代信息技术支撑。

不是所有的非人类智能都是法院场域人工智能。首先，该要件排除自然生成或生物学条件反射因素生成。例如，类人猿自然繁殖成长生成的智力和经过条件反射训练生成的智力行为不是法院场域人工智能；其次，该要件排除现代生物技术生成。例如，试管婴儿技术、基因克隆技术等不是法院场域人工智能的技术支撑；最后，该要件排除现代人智学因素生成。现代人

---

〔1〕 例如，在法院工作中，录音设备能够全程录音，但语音识别同步转录为符合原意的文字才是法院场域人工智能；法院工作网络能够集聚数据，但网络信息的按需精准实时推送才是法院场域人工智能。

〔2〕 本文所称“智力能动性”，Stuart J. Russell、Peter Norvig 称其为“Rational Agent”，国内人工智能研究学者王培铎称其为“智能的主动性”。

智学的研究对象是人类的精神活动,而法院场域人工智能是在人类以外构建的智慧体。

3. 法院生态要件

该要件表明法院场域人工智能的适用范围,是法院场域人工智能的场域属性的依据。即法院场域人工智能应生成、应用、更迭或退出于法院工作生态。

该要件并不苛求法院场域人工智能的生成、应用、更迭、退出等系列节点均贯穿于法院工作中,关键是可应用于法院工作生态,其他节点并不是必要条件;该要件并不要求此类人工智能同时应用于法院工作全过程,至少须能应用于法院场域的某一方面或节点;该要件并不限制法院场域人工智能独有地存在于法院工作生态,即使其他领域、行业或工种存在此类人工智能亦可。

(三)前置化界定法院场域人工智能的考量

人工智能的外界认知与业内观察呈现明显反差[1],法院场域人工智能亦然。在此背景下,特别是在人工智能定义尚待统一的情形下,前置化界定法院场域人工智能实有必要,这是本文论点提出的前提。

界定法院场域人工智能是一项开拓性工作,具有强烈的理论趋势、现实需求和科学意义。通过愿景与构件的二元分析,分别从宏观和中观层面阐释,为受众展现出基本清晰的法院人工智能原貌。前置化界定亦为后面的问题分析明确取向,特别是在明确样本标准方面强化说理依据。

二、透视:我国法院场域人工智能的分布与制约

(一)我国法院场域人工智能的观察视角

在我国人工智能现有的众多研究分支中,司法应用研究尚未形成独立体系[2],人工智能法院应用的观察转而以人民法院的应用者视角展开。人

---

〔1〕 与近年人工智能新闻报道的普遍乐观不同,在2016中国人工智能大会(CCAI2016)上,时任中国科学院副院长、中国科学院院士、中国人工智能学会副理事长谭铁牛先生提醒人们“目前人工智能是有智能没智慧,有智商没情商,会计算不会算计,有专才无通才”。

〔2〕 中国人工智能学会是我国智能科学技术领域的唯一国家级学会。截至2017年7月10日,该学会尚未有司法领域专业委员会。在该学会官网的学科白皮书、年鉴及发展报告中,亦无司法领域相关成果。

工智能的法院应用伴随“智慧法院”进程加快推进。当下的“智慧法院”建设思路肇始于2015年、实践开局于2016年。围绕上述时间节点，选取并考察了《中国法院信息化第三方评估报告》、第三届世界互联网大会“智慧法院暨网络法治论坛”、《法治蓝皮书·中国法院信息化发展报告No.1(2017)》和全国法院第四次信息化工作会议[1]。

(二)我国法院场域人工智能的分布面貌

基于上述视角，依据法院场域人工智能构件特别是智力能动性甄别，剥离伪人工智能成分，提炼样本整理形成下表。由表可知，中国法院人工智能应用覆盖审判、执行、诉讼服务、司法公开、行政管理和决策服务等方面，国家和地方层面法院、特别是东部地区法院均有所作为。

表:中国法院人工智能应用基本面貌[2]

应用层面		实现功能	主要实例
审判	庭审	①庭审语音同步采集、实时识别转录、笔录修改编辑等;②辅助判断证据的可采纳程度。	江苏法院的庭审智能语音系统、上海第一中院的“庭审语音智能转写系统”
	裁判	①卷宗、关联案件、参考案例、相似案件、类似裁判文书、法律法规、专业知识、实用计算工具、涉案舆情等高效精准推送;②审判偏离风险预警(刑案量刑辅助分析);③裁判文书辅助生成,校对文书逻辑错误、诉讼请求遗漏、法律引用错误瑕疵。	北京法院的大数据研究平台、河北法院的“智审”系统、天津市第一中院的新一代法院工作平台、上海法院的C2J法官办案智能辅助系统、上海等部分地区法院的裁判文书大数据智能分析系统
执行		①执行节点由领导督办变为系统跟踪;②查控软件无须人工全天候全覆盖查询。	全国法院执行案件流程节点管理系统、福建法院的司法查控自动系统

〔1〕《中国法院信息化第三方评估报告》是第三方学术机构首次系统评估人民法院信息化状况的国家智库报告。《法治蓝皮书·中国法院信息化发展报告No.1(2017)》是首次系统阐述中国智慧法院建设成果的年度报告。“智慧法院暨网络法治论坛”是世界互联网大会首次举办此类专业论坛,也是中国法院首次向世界展示“智慧法院”建设的国际性活动。全国法院第四次信息化工作会议是《人民法院信息化建设五年发展规划(2016—2020)》发布后首次全国法院信息化工作会议。“两报告一论坛一会议”是中国“智慧法院”建设状况的权威信息源。

〔2〕基于“两报告一论坛一会议”的统计范围、表达意图,考虑到法系差异,该表的统计范围不含我国港澳台等地区。

续表

应用层面	实现功能	主要实例
诉讼服务	①律师庭审排期自动避让、关联案件自动推送;②诉讼服务语音智能识别和交互。	上海的律师服务平台、江苏法院的“12368”智能语音导航系统
司法公开	①裁判文书的自动隐名处理、全网智能检索;②多维度、全方位展现当事人信息要素。	中国裁判文书网的快速检索联想和分裂引导树功能、浙江法院的“当事人信用画像”系统
行政管理	①以音频、视频识别技术对网上直播的庭审实况或对庭审录像进行自动检查监督;②实现办案、办公信息和应用融合支持;③人事信息实时更新、工作绩效智能评估。	河北等部分地区法院的庭审自动巡检系统、辽宁法院的司法辅助系统、新版地方法院人事信息管理系统、四川法院的审判质效评估系统
决策服务	①贯穿于立案、庭审、合议、裁判、执行、诉讼服务等各环节;②数据实时汇聚、一数一案、协同共享、动态交换、无缝交联;③海量数据分析建模,探寻特点规律,司法预判和应急响应。	最高人民法院的“中国法律应用数字网络服务平台(法信)”、数据集中管理平台、天平司法大数据有限公司、司法案例研究院、国家司法大数据研究院(筹备中)

(三)我国法院场域人工智能的应用瓶颈

主要是存在“不对称困境”。一是认识与实践不对称。在人工智能整体发展存在业内外认知落差的大环境下,法院人对法院场域人工智能的理解和实践也存在不同程度的混乱。二是地区间发展不对称。相比中西部地区,东部地区法院的地区优势明显,形成全国“一盘棋”尚须努力。三是技术工种间不对称。目前,自然语言处理、语音识别、图像感知等人工智能技术在法院应用初显成效,而问题求解、(不确定)知识推理与规划、机器学习、机器人等技术在法院应用仍有明显短板。四是主体应用间不对称。人工智能应用在法院领导与普通干警之间、不同级别法院之间、法院与外单位之间并未同步协调推进。仍以管理为主线、以领导为主角,还没有整体实现以服务为主线、以法官为主角。五是应用领域间不对称。现有应用侧重审执业务,在司法行政管理、廉洁司法和领导决策领域仍须发力。

科学准入是我国法院人工智能应用破局的“牛鼻子”。科学准入需要在考察现行准入实践的基础上,探索准入的基本原则、调整方式。

三、方向:人工智能法院准入的实践经验、基本原则和调整方式

(一)人工智能法院准入的实践经验

1. 境外准入实践

境外法律人工智能的思想渊源是1958年卢西恩提出的法律科学信息化处理论断,该论断内容与法院工作有关。境外法律人工智能学科始于1970年,而首次法律应用可追溯至1976年的欧洲法律人工智能库(WELBE)[1]。尽管法学人士对法律人工智能研究参与度加深,但受制于法律推理技术、模型样本获取程序和统计成本,且经济、文化和心理元素很少也很难在裁判模型中体现,专家系统在境外法院的真正应用并不多。即使运行,因成本、实用性问题也有停止的可能。在法院准入方面,呈现政府、学术机构或科研公司的法律人工智能交叉研究部门根据研究需要或应司法权要求在法院引入人工智能应用的"产学研用一体化"特点。境外人工智能的法院准入总体处于起步阶段,在法律本体检索、证据证明力评估、离婚财产处理、量刑规范化、非物质损害赔偿模型等方面有一定的技术积累,相比我国更有组织基础和学术氛围。

2. 境内准入探索

人工智能引入中国法治领域的理念,可以追溯至钱学森先生依据系统论提出建立法治专家系统的设想[2]。我国法律人工智能应用渊源可追溯至刑事量刑电脑化规范的探索[3],这也是人工智能法院应用的技术滥觞。国内法律人工智能的学术研究在21世纪以来开始热烈,"而到达应用层次还只是2016年的事"[4]。个别地方法院在量刑规范的智能化方面作出可贵的

---

〔1〕 20世纪40年代,美国亚利桑那大学的John L Pollock是从认识论角度设计OSCAR程序。1973年,西德的数据库和社会法检索装置(JURIS)只是数据检索信息化。故二者不属于严格的法律人工智能。

〔2〕 钱学森:《大力发展系统工程,尽早建立系统科学的体系》,载《光明日报》1979年11月10日,第2版。

〔3〕 早在1983年,中国现任总理李克强曾与导师龚祥瑞先生合作撰文《法律工作的计算机化》,敏锐地预测到未来法律工作的计算机化方向。华东政法学院的史建三、朱华荣和上海社会科学院法学研究所的肖开权在电脑辅助量刑研究方面,湖南大学的贺华、中南政法学院的郑昌济、内蒙古大学的陆翼德、武汉大学的赵廷光、北京大学的白建军等在量刑数学模型研究方面均作出可敬的努力。

〔4〕 参见熊明辉:《法律人工智能的前世今生》,《中国社会科学报》2018年10月,第5版。

尝试[1]。随着大数据、云计算等技术的精进发展,法院人工智能的准入实践有所丰富。我国法院人工智能的准入可归纳为以下类型:(1)精准引入型。基于法院工作的个性化需求而精准引入,以山东省淄博市淄川区人民法院和北京博雅英杰通讯科技有限公司合作开发的"刑法常用百种罪名电脑辅助量刑系统"为代表。(2)政策推进型。基于法院的智能化政策而强力推进,以最高人民法院主导的"法信"平台为代表。以《最高人民法院关于加快建设智慧法院的意见》为契机,开始掀起政策推进型准入的热潮。

(二)人工智能法院准入的基本原则

探索建立符合中国法院工作规律、人工智能技术规律、境内人工智能研发环境的人工智能法院准入体系,须创造性确立"VFE"原则:

1. 价值衡量原则(Value)

首先应展开法理价值判断,具体按照以下价值位阶衡量:(1)一级价值"公正"(程序公正和实体公正)。法院人工智能应用不得损害或以不作为方式损害司法公正。(2)二级价值"人本主义"(法院人的主体地位和能动性)。法院人工智能应用必须服从法院人的智慧与意志,除非违反第一级价值。(3)三级价值"安全、效率、公开、经济等"(重要性依次减弱)。法院人工智能应用须彰显安全、效率、公开、经济等价值,除非违反第一级、第二级价值。

2. 场域分析原则(Field)

按照不同标准,法院场域有不同划分。从常规与非常规出发,分为日常工作场域、改革创新场域;从职能分工出发,可分为各职能部门、议事协调机构、院内社团等;从岗位节点出发,以立案庭为例,至少可分为立案登记、诉讼收费、资料收转、诉前联调等。

3. 伦理协调原则(Ethics)

伦理协调原则旨在"理性地对人工智能加以利用,让人工智能回归其本位、让法官回归其本职"[2]。人工智能与法院人智不存在彼此冲突更不是相

---

〔1〕 山东省淄博市淄川区人民法院发起的辅助量刑系统开发被视作我国法院人工智能应用的早期事件。

〔2〕 郭富民:《人工智能无法取代法官的审慎艺术——观美国影片〈少数派报告〉有感》,载《人民法院报》2017年5月12日,第5版。

互替代,而是相互作用、相互促进[1]。另外,还涉及法院人工智能的法律主体地位、法律责任认定等。作为维护社会公义最后防线的人民法院,人工智能准入的伦理协调尤其重要。

(三)人工智能法院准入的调整方式

关于中国法院人工智能的应用思路,周强院长曾作出介绍:"首先我们要开发人工智能,AI技术……下一步就要通过算法,尤其是人工智能在司法领域应用的算法的开发应用……充分运用我们中国现有的人工智能技术,同时我们也借鉴国外这方面的经验,加强同国外相关公司的合作……来开发中国的人工智能司法力量。"[2]

我国法院人工智能准入的调整,应以《最高人民法院关于加快建设智慧法院的意见》为总纲,综合考虑人工智能技术发展、法院工作科学发展和改革创新、法律人工智能基础理论研究等产用研因素。科学把握人工智能发展的相对不可测性,不被媒体喧哗和资本泡沫蒙蔽;尊重司法规律和法官主体,防止技术不适、技术依赖。考虑到人工智能发展的争议性,建议创造性制订应用宣言和设计准入指引演示[3],促进法院人正确认识、科学践行法院人工智能应用,推动形成诉讼参与人、社会公众、法院工作有关外单位的认同。

在坚持基本原则、调整方式等总体方向的前提下,更需要具体切入、精准实施的建构方案,以实现人工智能与法院场域的精准嵌入。

四、建构:基于法院场域角色的实证分析

(一)嵌入思路的选择分析

人工智能与法院场域精准嵌入主要存在两种选择:(1)机构主义。依据法院内设机构及其职能,针对性布置人工智能。(2)人本主义。依据法院场

---

〔1〕 在第三届世界互联网大会"智慧法院暨网络法治论坛"上,周强院长指出"人工智能为法官服务,不能够替代法官",时任副院长贺荣亦表示"可以肯定的是,机器人大法官绝无可能"。

〔2〕 第三届世界互联网大会"智慧法院暨网络法治论坛"现场文字实录。登载于中国网,网址:http://www.china.com.cn/zhibo/2016-11/17/content_39705197.htm?show=t,访问时间:2017年7月10日。

〔3〕 宣言建议稿参见附件1,指引演示建议版H5二维码参见附件2。

域角色及其关系，针对性布置人工智能。而法院内设机构设置本无固定模式，省以下法院内设机构改革正在发力[1]，扁平化内设机构的个例渐显影响[2]，“机构主义”思路无法确定适合样本分析并形成普适化结论，且内设机构的可变性会影响分析结论的前瞻性。以“人本主义”布局法院人工智能，既符合“智慧法院”建设思路[3]，亦契合法官员额制、人员分类管理[4]等改革精神。

（二）法院场域角色的说明

基于场域理论，结合法院实际，法院场域角色可分七类：（1）员额法官。包括审判部门法官、执行部门法官、其他部门（入额院领导和立案、审管、研究等部门）[5]法官。（2）审判辅助人员。法官助理、书记员、执行员、其他审判辅助人员（业务部门聘员等）[6]。（3）司法警察。中央政法专项编、聘任制等形式法警。（4）司法行政人员。主要是政工、纪检、审管、研究、办公、机关服务、基建、党务等部门的行政工作人员。（5）诉讼参与人。包括民事案件的原告、被告、第三人，刑事案件的被告人、被害人（自诉人），行政案件的原告、被告、证人、鉴定人、勘验人员、翻译人员等。（6）人民群众。此处特指诉讼参与人以外的社会公众。（7）法院个体有关外单位。此处特指因履职需要联系的有关外单位。例如，其他法院、公安机关、国家安全机关、检察机关、司法部（厅局所）、狭义党政机关、律师社团法人、其他法院外单位。

（三）法院场域角色的 AI 准入形势

人工智能热潮袭来，“可在人工智能问题上，法院还是应当立足本位，保

---

〔1〕 2016 年 8 月，中央机构编制委员会办公室、最高人民法院发布《省以下人民法院内设机构改革试点方案》，方案提出试点时间为 2 年。

〔2〕 例如深圳前海合作区人民法院、珠海横琴新区人民法院。

〔3〕 《最高人民法院关于加快建设智慧法院的意见》在运用人工智能按需精准智能服务方面，按照“办案人员”“人民群众”“管理者”“法院管理者”“党和政府部门”五类角色进行阐述。

〔4〕 根据《最高人民法院关于全面深化人民法院改革的意见——人民法院第四个五年改革纲要（2014—2018）》第 48 点“推动法院人员分类管理制度改革”，法院人员角色具体是员额法官、审判辅助人员、司法警察、司法行政人员四类。

〔5〕 法官员额制改革在各地区各级法院的开展情况不一，一些法院的立案、审管、研究等部门亦存在员额法官。

〔6〕 业务部门聘员等审判辅助人员不具有全国普遍性，列入其他审判辅助人员作为兜底。

持清醒，不要被兜售概念、囊中无物的技术公司‘绑架’或忽悠”[1]。人工智能应用可能会波及法院现有人员总量及结构，但也不必过度恐慌。因为法院工作毕竟不是简单如同“法官的工作无非就是把法律的文字与事案加以比较，而不考虑法律的意义和精神（费尔巴哈语）”或者“现代的法官是自动售货机，投进去的是诉状和诉讼费，吐出来的是判决和从法典上抄下来的理由（韦伯语）”，还涉及自由裁量权、司法经验、公序良俗等依赖于人类智慧的事项。法院人工智能的应用情势须视人工智能技术进程及法院宽容度而定，无法穷尽列明。但从场域角色出发，可勾勒出AI准入的大致形势，供参考：

1. 员额法官角色AI准入点

包括但不限于领导决策、立审执（含调解）的价值信息实时精准推送，庭审证据证明力分析、法律本体检索、案涉财产计算和非物质损害评估，立案、信访、审管、研究等部门重复性行政事务。

2. 审判辅助人员角色AI准入点

包括但不限于立案登记、诉讼收费、资料收转、立审执（含调解）的价值信息实时精准推送、立审执相关笔录制作、裁判文书基本信息填制。

3. 司法警察角色AI准入点

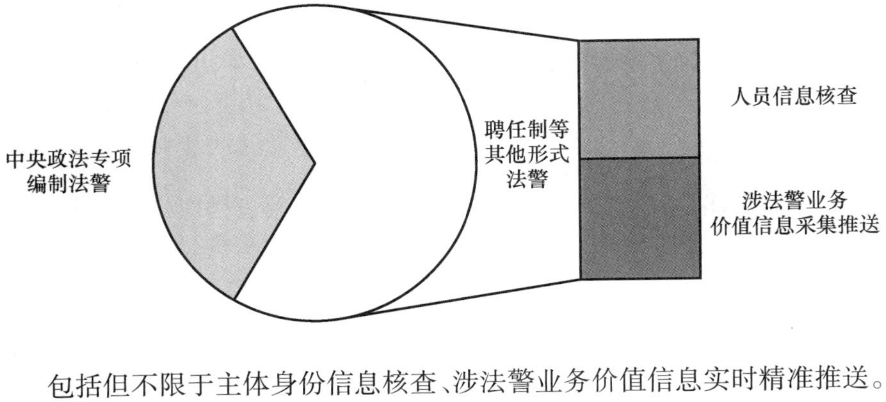

包括但不限于主体身份信息核查、涉法警业务价值信息实时精准推送。

4. 司法行政人员角色AI准入点

包括但不限于人员管理、考勤培训、举报投诉、文书案例瑕疵和裁判尺度评查、要式化文字材料撰写、审委会和党政会议的记录（纪要）制作、财务

[1] 何帆：《我们离“阿尔法法官”还有多远》，《方圆》2017年第2期，第58页。

制表、档案管理、信息化运维、节能监管、会务工作、机关服务、基建项目及资金监管、党员和党费管理。

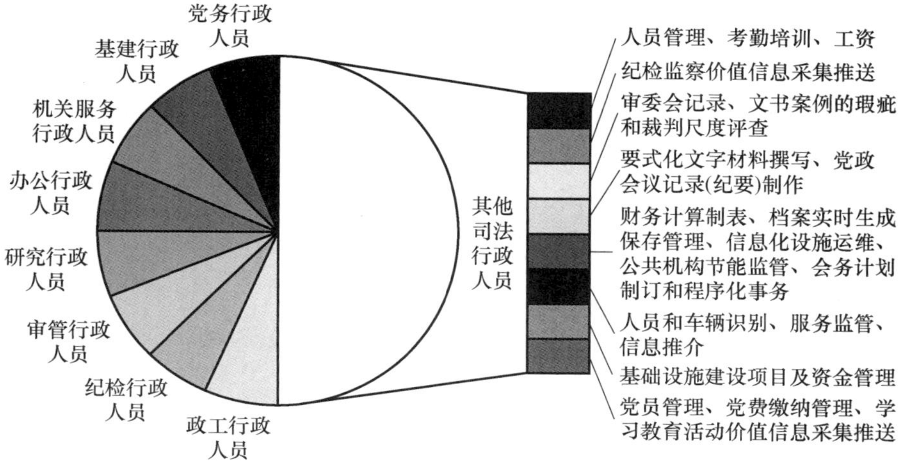

5. 诉讼参与人角色 AI 准入点

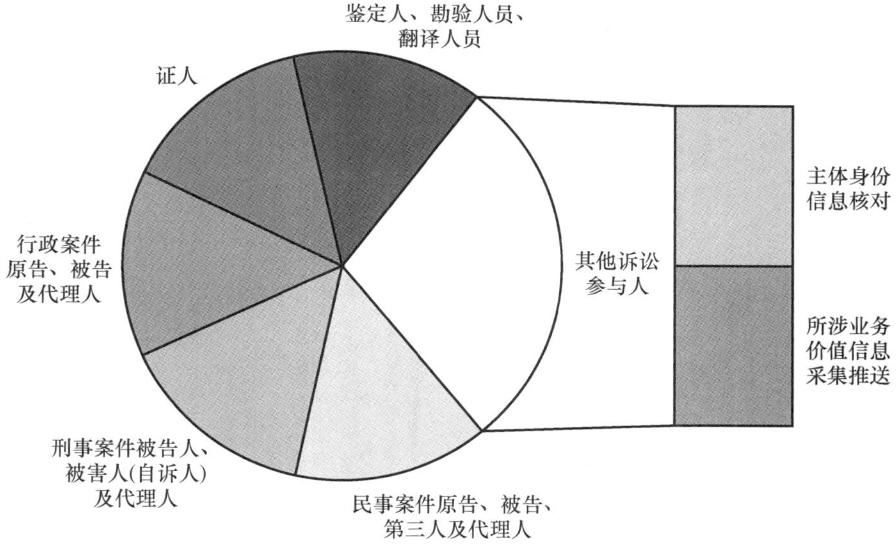

包括但不限于主体身份信息核对、所涉业务价值信息的实时精准推送。

6. 人民群众角色 AI 准入点

包括但不限于主体身份信息登记核实、司法公开和诉讼服务价值信息的实时精准推送。

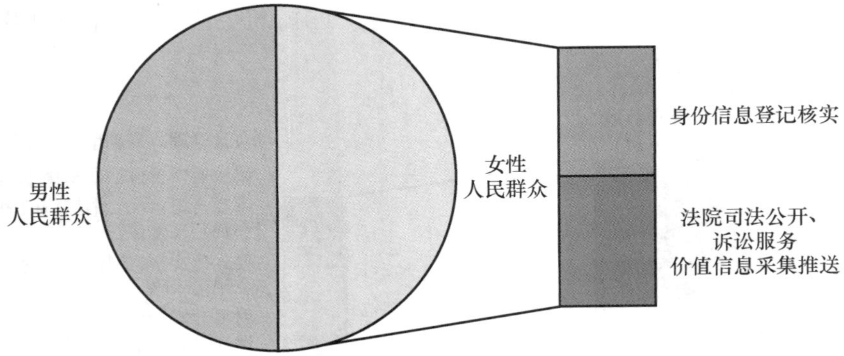

7. 法院个体有关外单位角色 AI 准入点

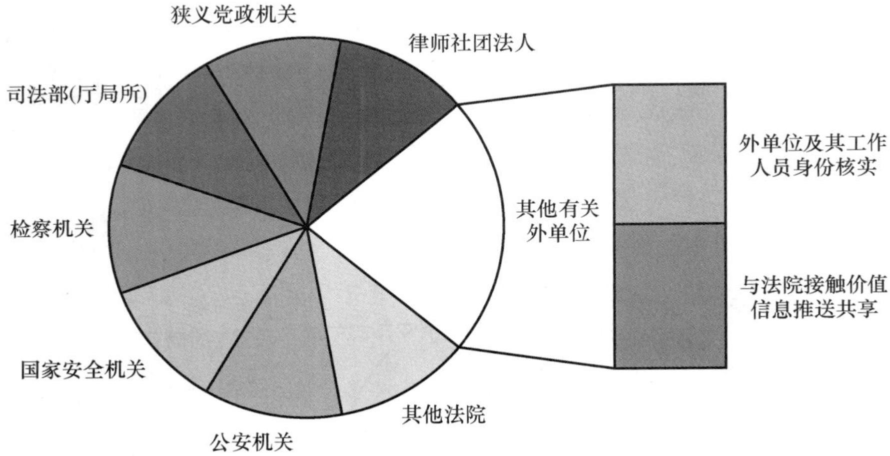

包括但不限于外单位及其工作人员身份核实与法院接洽价值信息的实时精准推送。

五、结语:更加自信、务实地期待

“君子生非异也,善假于物也。”皋陶用獬豸、包拯借天眼、日本动漫《铁甲小宝》里有裁判机器人“蜻蜓队长”……人类从不缺少借力实现公义的朴素理想。我们正以实际行动探索法院人工智能助力审判现代化,以实现中国法院工作“弯道超车”。也许技术问题可以寻求专业人士,但法院人工智能应用的基础理论应由法院人自觉总结。本文只是法院人工智能准入理论的基本框架,具体操作仍须深入论证。未来已来,法院人须更加自信、务实地期待。

附件1:

中国法院人工智能应用宣言(建议稿)

中国法院人工智能应用是“智慧法院”建设的重要版块。人民法院具有法院工作智能化的优良传统。目前,中国法院人工智能应用在语音识别、图像识别、文本处理、数据集存等方面初步表现尚好,但在问题求解、知识推理、机器学习、通讯行动等方面仍有较大提升空间。在此,我们宣言如下:

1. 建立以数据为中心的信息化3.0版

进一步推动全业务网上办理、全流程依法公开,将法院工作数据汇集至人民法院数据集中管理平台。推进数据标准化,剔除数据冗余、数据虚假,实现数据提纯。

2. 建立以算法为核心的应用规则

针对类型化案件,根据法律关系、法律规范、法律逻辑推理的标签化处理,提炼类型化的裁判规则和审判经验;针对非类型化案件,深化价值信息精准实时推送,适时深化智能。

3. 建立以法官为主体的训练体系

尊重并突出法官主体地位,发动法院人广泛参与,充分运用法院人智慧训练法院人工智能深度学习、强化学习、迁移学习及其融合,有计划地反馈学习结果。坚持问题导向,服务办公办案。

4. 完善产学研保一体化的应用机制

加强与法信息学、法逻辑学等法律人工智能基础学科的学术交流,加强与中国人工智能学会等国家人工智能高端科研力量的研究合作,加强与以科大讯飞为代表的中国人工智能自主知识产权企业的外包合作,加强与境外法律人工智能企业、科研机构、司法机构的友好交流。建立健全法院人工智能法律规制和伦理保障。

人工智能之前是、现在是、今后仍应是法院人的助手。我们将更加尊重司法规律、更加重视法院人智慧,与法官员额制、人员分类管理改革等协力共进。

××××××××××××××××

20××年××月××日于中国北京

附件2：

人民法院人工智能准入指引演示（建议版）H5二维码

（初审：丁建峰）

互联网金融消费公益诉讼制度适用研究

朱伦攀*

【提　要】《中华人民共和国民事诉讼法》及其司法解释规定消费者可以通过公益诉讼方式维护自身合法权利。互联网金融消费者应属于消费者的范畴,参考国外立法例以及结合我国互联网金融消费的实际,互联网金融消费公益诉讼提起主体的"全国人大及其常务委员会授权的机关"应包括检察机关以及"一行三会"下设的专门金融消费者保护机构。省级以上消费者协会以及中国互联网金融协会等专门的行业协会可作为互联网金融消费公益诉讼的提起主体。互联网金融消费公益诉讼的原告应享有停止侵害请求权、损害赔偿请求权、剥夺不当得利请求权等权利。互联网金融经营者和消费者之间的举证责任分配上应通过适度降低证明责任标准、举证责任倒置、法院依职权调取等方式合理向金融消费者倾斜,同时细化公益诉讼案件受理条件中初步证据的范围。应适当扩张公益诉讼判决既判力的范围,在损害赔偿型公益诉讼案件审理结果向金融消费者个体转化的过程中,可借鉴"二阶段的诉讼模型"。

【关键词】　互联网法院　金融消费　公益诉讼　制度适用

伴随着互联网科技的日新月异,网络证券、基金、保险、P2P、众筹[1]等新兴的金融消费模式为金融消费者带来高收益、快捷便利的同时也引发了金融产品欺诈、虚假宣传、捆绑销售、金融消费者隐私泄露等诸多问题。金融产品和服务的经营者和金融消费者之间由于经济地位的不平等、交易信息的不对称、金融产品设计的复杂性以及金融消费者金融专业知识的匮乏,导

---

* 广东省深圳前海合作区人民法院案件管理事务中心法官。Email:501171076@ qq. com。

〔1〕 根据2015年中国互联网金融行业年度数据,2015年第三方互联网支付交易规模达11.9万亿元,基金电子商务交易达7.8万亿元,P2P借贷规模突破8000亿元,互联网金融已经融入人们的日常生活,为个人、中小企业发展、活跃金融消费市场等提供裨益。

致金融消费者的合法权益受到损害时,难以通过切实有效的途径予以保护[1]。《中华人民共和国民事诉讼法》及其司法解释、《最高人民法院关于审理消费民事公益诉讼案件适用法律若干问题的解释》(以下简称《消费公益司法解释》)确立的公益诉讼制度规定广大金融消费者可以通过公益诉讼的方式维护合法权益。然而,互联网金融消费者是否属于消费者、互联网金融消费民事公益诉讼案件的提起主体即法律规定的机关和有关组织应作何理解、公益诉讼案件原告的请求权、举证责任的分担、判决既判力的适用范围以及审理结果如何转化适用于金融消费者个体等均是适用公益诉讼制度解决互联网金融经营者和消费者之间权利义务关系亟待研究与思考的重要问题。

一、互联网金融消费领域适用公益诉讼制度之必要性和可行性

(一)必要性

中国人民银行、公安部等十部委联合发布的《关于促进互联网金融健康发展的指导意见》(以下简称《十部委指导意见》)将互联网金融定义为"传统金融机构与互联网企业利用互联网技术和信息通信技术实现资金融通、支付、投资和信息中介服务的新型金融业务模式"。互联网金融经营者和消费者之间的交易存在以下特点:

1. 交易双方经济地位不平等,交易信息不对称。互联网金融消费经营者熟识金融产品从设计到投入市场的全过程,各类型金融产品因其设计的复杂性、专业性使金融消费者很难真正了解金融产品背后的收益与风险。由于双方交易目的的冲突,易导致交易信息的选择性告知与接受。经营者为销售产品往往突出强调产品的优势信息,进行劝诱性营销,对于风险信息少谈或避而不谈,甚至作引人误解的虚假、夸大宣传误导消费者,而消费者由于缺乏相关经验和知识,易陷入盲目轻信金融专业人士的意见或跟风其他消费者。

2. 交易全程的无纸化、缺乏面对面的沟通磋商,格式合同条款占重大比重。整个交易过程通过网络达成,金融消费经营者通过互联网发布金融产

---

〔1〕 如"香港金玉恒通诈骗案""e租宝非法集资案"等网络理财诈骗案例,牵连甚广,金融消费者分布全国各地,所受损失难以有效救济。

品的相关信息，金融消费者亦多只能通过网络对产品信息进行甄别筛选，交易全程缺乏有效沟通，双方达成的协议亦多是经营者事前准备的电子格式合同，甚少有谈判协商的空间。

3. 网络金融消费欺诈案频繁发生，金融消费者举证困难，损害后果波及较广。由于互联网金融消费监管规则以及配套制度的不健全，一方面网络经营者的真实信息在虚拟空间难以核实；另一方面网络经营者为了谋取非法利益，往往通过发布虚假产品信息，承诺高回报、高收益，虚构重大基础项目和第三方担保等手段骗取金融消费者的资金，一段时间后便关闭网站、销声匿迹。互联网金融消费者遍布全国各地，因证据意识薄弱，缺乏取证、搜证能力，权利受到侵害后，因个人经济、举证能力有限等原因，甚难有效维权。正因为网络金融消费的上述特征，公益诉讼制度的兴起和完善为切实保护众多网络金融消费者的合法权利，维护稳定的互联网金融秩序提供保证。

（二）可行性

民事诉讼法第五十五条第一款明确规定："对污染环境、侵害众多消费者合法权益等损害社会公共利益的行为，法律规定的机关和有关组织可以向人民法院提起诉讼。"民事诉讼法的司法解释以及《消费公益司法解释》均明确规定了对侵害众多消费者合法权益损害公共利益的行为，法律规定的机关和有关组织可以提起公益诉讼，人民法院应当予以受理。另外，《十部委指导意见》规定须构建诉讼等多元化的纠纷解决机制以保护金融消费者的合法权利。《国务院办公厅关于加强金融消费者权益保护工作的指导意见》（以下简称《国务院办公厅指导意见》）也对"一行三会"（即中国人民银行、证监会、银监会、保监会）加强金融消费者权益保护、金融消费者的权利类型、建立诉讼在内的多元化纠纷解决机制进行了规定。

二、互联网金融消费领域适用公益诉讼制度之困境

（一）互联网金融消费者是否是消费者存在争议

消费者权益保护法第二条规定，消费者为生活需要购买、使用商品或者接受服务，其权益受本法保护。消费者应界定为"为了生活需要而购买商品和接受服务的自然人"，法人和其他组织不属于消费者的范畴。互联网金融

消费者利用互联网进行的诸如购买股票、基金、理财产品等行为并不是以衣食住行等生活需要为目的,更像是一种投资以及财产的增值、保值行为,因此不应认定为消费者,[1]不具备适用公益诉讼制度的前提。但亦有国家或者地区的立法从是否缺乏金融专业方面的知识,在交易过程中处于相对弱势方作为认定是否为金融消费者的标准,故法人和其他组织亦可能成为金融消费者。[2]

(二)互联网金融消费公益诉讼的提起主体有待明确

民事诉讼法及其司法解释规定公益诉讼的提起主体是法律规定的机关和有关组织,《消费公益司法解释》进一步明确中国消费者协会以及省、自治区、直辖市设立的消费者协会、法律规定或者全国人大及其常委会授权的机关和社会组织有权提起消费民事公益诉讼。值得疑问的是,“法律规定或者全国人大及其常委会授权”的机关范围包括哪些,行政机关中的工商行政部门可否作为公益诉讼的提起主体,检察院可否作为提起主体。纵观其他国家的立法,部分国家赋予了公民个人作为公益诉讼原告的权利,[3]我国是否应同样赋予。社会组织若作为公益诉讼的原告是否同时需要法律规定或者全国人大及其常委会的授权,社会组织的范围以及其提起公益诉讼又需具备何种条件。

(三)互联网金融消费公益诉讼中原告请求权的范围有待研究

《消费公益司法解释》第十三条规定:“原告在消费民事公益诉讼案件中,请求被告承担停止侵害、排除妨碍、消除危险、赔礼道歉等民事责任的,人民法院可予支持。”结合互联网金融消费的实际,有权提起公益诉讼的主体可依据何种请求权提出何种类型的诉讼请求有待细化与研究。

---

[1] 如于春敏在其《金融消费者的法律界定》一文中将金融消费者限于个人,魏琼、赖元超在其《论我国金融消费者的概念及其特权》一文中认为金融消费者仅包括自然人,不包括法人。

[2] 如日本的《金融商品销售法》将金融消费者界定为“接受金融产品和服务但缺乏相关专业知识和背景的劣势主体”。我国台湾地区的“金融消费者保护法”第四条将金融消费者界定为“接受金融服务业提供金融商品或者服务者,但专业投资机构或者符合一定财力或专业能力之自然人或者法人排除在外”。

[3] 如美国国会可以授权任何一个公民提起诉讼制止违法行为以保护公共利益;《俄罗斯联邦民事诉讼法典》第四十六条亦规定公民个人可提起公益诉讼等。

（四）互联网金融消费公益诉讼初步证据和举证责任的分担特殊

互联网金融消费均通过网络完成，交易双方协议的订立系通过页面点结确认的方式，交易磋商的过程、协议的内容亦都储存于数据库中，网络金融消费者的举证能力相比经营者而言处于劣势地位，如果完全按照“谁主张、谁举证”的一般规则，原告的主张往往可能因证据不足而予以驳回。《消费公益司法解释》第四条规定了提起消费民事公益诉讼应当提交的材料，原告需提交被告的行为侵害不特定多数消费者合法权益或者具有危及消费者人身、财产安全等损害社会公共利益的初步证据。然而结合互联网金融消费的实际，原告很难提交被告损害公共利益的初步证据，所以在互联网金融消费案件中，初步证据应如何界定以及举证责任如何分配成了两个重要的问题。

（五）互联网金融消费公益诉讼既判力的适用范围尚待明确

民事诉讼法司法解释第二百八十八条规定人民法院受理公益诉讼案件后，不影响同一侵权行为的受害人依据该法另行主张权利。《消费公益司法解释》第十五条规定了公益诉讼案件生效后，其他依法具有原告资格的机关或社会组织就同一侵权行为另行提起消费民事公益诉讼的，人民法院不予受理。结合互联网金融消费的实际，互联网金融消费公益诉讼案件的审理结果对于未参加公益诉讼的其他金融消费者有何效力，公益诉讼案件中已经认定的事实以及证据对于其他另案又有何影响。若公益诉讼案件中提起的是损害赔偿之诉，赔偿款项又如何在众多金融消费者个体之间分配殊值研究。

三、完善互联网金融消费领域适用公益诉讼制度之建议

（一）明确有权提起互联网金融消费公益诉讼的主体范围

1. 金融消费者属于消费者

互联网金融消费由于交易标的的无形性、商品或者服务设计的复杂性、经营者常常劝诱性销售以及金融消费者金融专业知识匮乏等特点，在交易中存在较多风险，遭受财产损失的可能性大，有必要对其倾斜保护。而且随着社会的不断进步，人们的“生活需要”早已不局限于传统的衣食住行，消费

者权益保护的范围已从有形的商品、服务逐步向无形的商品和服务发展与转变,[1]从最普遍的通过网络第三方支付的方式进行网络购物,到通过互联网购买各类保险、金融理财产品等均是互联网金融消费的外在表现形式,只要消费者购买商品或者接受服务的根本目的不是出于专门从事经营或者再次转卖的需要,就应当将金融消费者界定在消费者的范畴之内,受消费者权益保护法的保护。当然,现实生活中网络证券、基金以及其他复杂金融衍生品的消费确实存在投资、资产保值以及增值等因素,但个人和家庭购买金融产品,其直接目的虽为获取资产保值升值的利益,但其最终目的还是用于家庭的生活消费,从这个意义上说,投资是延迟了的消费,投资者保护与消费者保护实际上是一个硬币的两面,试图在投资者与消费者之间划出界线是不适当的[2]。因此,仅以购买金融产品具有投资和盈利的目的而否定这部分参与金融活动的个人的消费者身份是不合理的。

纵观美国[3]、日本等国家以及我国台湾地区均有明文对金融消费者的内涵作出规定,我国虽然没有法律予以明确界定,但《十部委指导意见》《国务院办公厅指导意见》等规范性文件亦频用金融消费者概念并对其加以保护,因此,金融消费者应属于消费者的下位概念,受消费者权益保护法的调整与保护。在确认金融消费者属于消费者范畴的前提下,法人或者其他组织以及具备专业资质的自然人投资者是否属于消费者存有争议。参照我国台湾地区的立法,因法人或者其他组织具备一定的经济基础以及抵御风险的能力,在购买金融商品或者接受金融服务的过程中有更多的途径了解产品信息,且相对自然人消费者具备更强的识别能力,因此不宜认定为消费者,而专业的自然人投资者因其对市场和交易信息的把控程度较高,对交易风险有预先的判断和较为清楚的认知,且其以投资盈利作为交易的根本目的,似不符合为"生活需要"的根本属性,亦不宜认定为消费者。但如何界定专业的自然人投资者,我国台湾地区有专门的主管机关认定,而我们则需要赋予法官在个案中结合案情予以裁量认定。

2. 明确"法律规定或全国人大及其常委会授权的机关"的范围

根据民事诉讼法及相关司法解释的规定,提起公益诉讼的机关需要法

〔1〕 熊元斌、曾凡涛:《新世纪中国消费者权益保护的发展趋势》,《消费经济》2002年第3期。

〔2〕 Cartwright Peter, Consumer Protection in Financial Services, Hague: Kluwer, 1999, p3.

〔3〕 美国的《金融服务现代化法》将金融消费者定义为"为个人、家庭成员或家务目的而从金融机构得到金融产品或服务的个人"。

律规定或经全国人大及其常委会的授权，可见立法本意上对机关提起公益诉讼的要求较高，需要法律位阶的规范性文件予以规定。机关一般有立法、行政、司法机关之分，立法机关的主要职能是制定规范性文件，不宜作为提起主体。检察机关以及行政机关是否可以作为提起主体则有争议。参考域外立法，众多国家均赋予检察机关提起公益诉讼的主体资格〔1〕，在我国检察机关作为法律监督机关，有维护社会公共利益之责，其独立的机构设置、完善的组织体系、充足的人员保障以及搜证、查证的能力为其提起公益诉讼提供支撑，而且《消费公益司法解释》也明确赋予了检察机关提起公益诉讼之权，故在消费公益诉讼领域亦应适用。而行政机关中诸如工商行政管理等部门其可以通过具体或者抽象的行政行为来规范市场秩序，惩处违法经营者，相比提起公益诉讼的方式应更加有效率，因此，行政机关不宜作为公益诉讼的提起主体。自然人消费者由于其本身在经济水平、举证能力等方面处于弱势地位，不宜再赋予其主体资格，〔2〕但可鼓励其向检察机关等有权主体提供交易信息、证据线索等方式参与公益诉讼。为切实保护金融消费者的合法权利，“一行三会”都设置了专门的保护金融消费者的机构〔3〕，根据其机构职能与分工，并结合互联网金融消费领域消费者权利急切需要保护的实际，笔者建议法律应赋予“一行三会”下设的这些专门的金融消费者权利保护机构在一定条件下提起公益诉讼的主体资格以及诉前的前置审查权，同时为检察机关或者其他有权提起公益诉讼的机关、有关组织提供市场交易信息、诉讼证据上的支持等义务。

3. 结合互联网金融消费的实际，探索“有关组织”的条件和范围

在有关组织提起公益诉讼的条件方面，日本《消费者契约法》第十三条规定消费者团体需具备的条件：(1)特定非营利活动法人或者一般社团法人或一般财团法人；(2)以维护不特定多数消费者利益的活动为主要目的，且

---

〔1〕 如美国州检察长可以提起消费者公益诉讼，其既可以“父权诉讼”的名义，代表州内消费者提起消费者公益诉讼，也可以“州主权执法”名义提起消费者公益诉讼。在巴西，检察机关提起消费者公益诉讼占公益诉讼案件总体的90%以上。在英国，检察总长是英国公益诉讼最主要的主体，他有权代表公众阻止违法行为以保护公共利益。另外，德国、日本等国家的立法亦赋予检察机关以原告资格。

〔2〕 吴忆静：《金融消费者公益诉讼问题研究》，上海：华东政法大学硕士学位论文，2014年，第23页。

〔3〕 如证监会设置的投保局，主要职责是推动投资者受侵害权益的依法救济；银监会设置的消保局，主要职责是接受保险消费者投诉和咨询，调查处理损害保险消费者权益事项。

在相当期间内持续适当地进行其活动;(3)具有适当的组织体系、业务章程,完成业务的经营管理基础,独立于任何经营者、未参与暴力团体的反社会活动等。[1] 我国台湾地区在消费者保护团体的条件上规定:(1)具备法人资格;(2)社团人数500人以上、登记财产新台币1000万以上;(3)该公益团体被许可3年以上;(4)有专门的消费者保护人员等。

根据我国现行立法的规定,省以及以上的消费者协会有权提起公益诉讼,而其他"有关组织"的范围、条件以及是否需要法律赋予权限则未有明确规定。参考域外国家或地区的立法,笔者认为,其他有权提起金融消费公益诉讼的组织至少需要符合以下的条件:首先,该组织应该非以营利为目的,维护社会公共利益为主要职责之一。其次,该组织须按照相关法律规定经过完备的登记备案程序。再次,该组织合法成立且已经存续较长时间,有固定的组织架构、经费足以支撑其进行公益诉讼。最后,该组织的成员中应当具备足够的长期从事金融业务、有相关金融行业从业资质的专家、专业人员等。结合互联网金融消费的实际,类似经中国人民银行会同证监会等部委联合建立的中国互联网金融协会等专门的金融行业协会组织可以在一定条件下作为提起公益诉讼的主体。

(二)结合互联网金融消费者享有的权利体系设计请求权类型

根据《十部委指导意见》和《国务院办公厅指导意见》,金融消费者享有包括公平交易权、财产安全权、知情权、依法求偿权、自主选择权、受教育和尊重权、信息安全权等权利。根据金融消费者权利保护的必要,同时借鉴国外的立法,提起公益诉讼的主体可享有:(1)停止侵害请求权、禁令请求权。即原告有证据证明金融经营者有侵害或者可能危及金融消费者财产权利的初步证据,为防止侵害的产生或者损失的扩大可以向法院提起停止侵害之诉、禁止经营者为一定行为之诉,实质上提起不作为之诉。当金融机构通过网络发布虚假的产品信息,通过广告夸大产品效益,作引人误解的虚假宣传时,有权主体可以提起此类诉讼。(2)损害赔偿请求权。即网络消费经营者的欺诈行为、故意隐瞒或者不予披露重大交易信息影响消费者决策等行为、未尽到安全保障义务致使消费者信息泄露、财产遭受损失时,有权主体可以

---

〔1〕 陶建国:《日本消费者团体诉讼制度评析》,《日本问题研究》2010年第4期,第15页。

提起此类诉讼。(3)不当得利剥夺请求权。即金融经营者的行为已经侵害不特定多数消费者的合法利益,通过诉讼赔偿之后其仍保留不当之利益,有权主体可以提起此类诉讼,剥夺这部分因损害公共利益而获得的不当利益。当然,金融消费者的权利体系会随着新问题的呈现、时代的进步而不断发展,公益诉讼的原告提起违约、侵权、确认、撤销之诉抑或是诉讼策略选择的不同,其请求权的基础在个案中亦会发生变化。

(三)细化互联网金融消费公益诉讼的受理条件,合理分担举证责任

如前文所述,互联网金融消费的全过程通过网络达成,消费者的举证能力较弱,为有效保护消费者的权利,笔者认为,在举证责任的分担上,应一定程度降低原告的证明责任标准,根据案件类型的不同设计举证责任的倒置。因案件涉及公共利益,法院在审理过程中基于查清案件事实,也需要视案情依职权调查取证。根据《消费公益司法解释》第四条规定,公益诉讼的受理条件之一"原告需提交被告的行为损害公共利益的初步证据",结合互联网金融消费的实际,笔者认为,"初步证据"可从以下方面予以考虑:(1)原告需要证明受损害的互联网金融消费者在数量上的大致规模且必须达到一定数量,不特定的消费者因经营者的行为正在或者可能遭受到侵害的事实;(2)原告需要证明其与经营者之间产生过互联网交易的材料,诸如在经营者的网站或者交易平台设立电子账户、向经营者购买金融产品或者接受金融服务的电子协议、初步的交易记录、向经营者支付交易对价的证据材料;(3)原告因经营者的违约或者侵权行为而产生各项损失的证明材料,包括损失的数额等。当然,若遇网络经营者虚构钓鱼网站,交易后便逃之夭夭、交易数据因技术原因丢失等情形,电子协议、交易记录等证据的举证责任因经营者负有相关的保管、留存义务,在经营者已经无处可寻时,法院在受理案件时可根据案件情况适当降低受理条件,在案件进入实体审理后,可依原告的申请或依职权向有关部门调查举证。

在案件受理后,因原告起诉依据以及诉讼请求的不同,证明责任的分配亦应不同,若原告提起违约之诉,经营者应承担起本应履行的合同义务,若已经做到准确、及时地披露交易信息,不存在虚假宣传以及欺诈等交易信

息,已经向消费者提示过合理的交易风险,尽到审慎义务,则不承担违约责任。[1] 若原告因侵权之诉而主张损害赔偿的,应由经营者举证证明其不存在过错,消费者受损害的事实与其销售的产品或者提供服务之间不存在因果关系。而在互联网证券、基金、金融衍生品等复杂金融产品的交易过程中,应结合案情一定程度地降低原告的证明标准,如借鉴美国普遍适用的市场欺诈理论[2],原告只需证明其信赖市场价格的真实性即可,其余的证明责任则分配给经营者。

(四)适当扩张既判力的适用范围,参考"二阶段诉讼模型"

出于保护弱势个体消费者的立法考虑,已为民事消费公益诉讼生效裁判文书认定的经营者存在不法行为的证据和事实,另案起诉的消费者个体主张适用的,除被告提出相反证据外,人民法院可予以支持。公益诉讼的双方是法律规定的机关、其他组织以及经营者,公益诉讼案件的审理结果如何有效转化于消费者个体,我国立法并未规定。美国的集团诉讼采取的是"选择退出模式",即将众多不特定的当事人拟制成为一个群体,群体中的一人或数人有权代表诉讼并无须每个个体的授权,法院的判决除了对明确退出该集团的成员不产生效力外,对其他成员均具有约束力。大陆法系的法国则采取"选择加入模式",即将具有同一事实或者同一法律关系的不特定当事人通过登记、合并等手续确定下来,法院的判决只对加入该集团的成员才产生约束力。巴西采用了"二阶段诉讼模型",即第一阶段法院仅审理经营者是否应对消费者的损害负赔偿责任,并将审理结果告知消费者,在第二阶段诉讼开始时,消费者根据第一阶段的认定结果,在一定期限内向法院申请加入诉讼,并根据判决结果向经营者主张赔偿,且第一阶段的审理结果仅对该集团有效,若第一阶段败诉,并不影响消费者个体另行提起诉讼。[3] 上述

---

〔1〕 我国台湾地区"金融消费者保护法"第十一条就有规定,"……金融服务业能证明损害之发生非因其未充分了解金融消费者之商品或服务适合度或非因其未说明、说明不实、错误或未充分揭露风险之事项所致者,不在此限"。

〔2〕 欺诈市场理论是指当被告有虚假陈述或其他证券欺诈行为而使原告遭受损失时,只要原告能够证明他有权信赖自己买进或卖出证券的市场价格的真实性,就满足了证明自己是受到欺骗而实施了交易行为,他所受到的损失与被告虚假信息披露之间存在法律上的因果关系的举证责任。

〔3〕 陈韵:《公益诉讼中的消费者权利保护问题研究》,天津:天津大学硕士学位论文,2013 年,第 37 页。

的三种模式各有利弊,“选择退出模式”不需要消费者的单独授权,只要消费者没有声明退出,裁判结果就能够适用于不特定的多数消费者,对于分布广泛、举证能力较弱的消费者的保护较为有利,但这种模式在实体法上的基础不明确,不退出就视为同意或者已经加入集团诉讼缺乏依据,而且消费者个人的选择权也受到冲击。[1] 而“选择加入模式”则保留消费者自己的意愿是否参加诉讼,不愿意参加集团诉讼的消费者不会因自己的沉默而被强制带入诉讼,也避免诉讼带来的不利后果。[2] 但这种模式的不利是保护消费者的范围有限,难以发挥集团诉讼的优势。“二阶段的诉讼模式”则有效规避了前两种模式的弊端,但该模式人为地将诉讼分为两个阶段,是否会增加当事人诉累,而且在第一阶段仅审理经营者是否承担损害赔偿责任,对损害赔偿的范围、第二阶段赔偿数额的分配方法等全无涉及是否会造成二阶段诉讼任务的分担不均。

笔者认为,参考国外的立法例并结合互联网金融消费的实际,应当一定程度上扩张民事金融消费公益诉讼判决既判力的适用范围,在审理结果向金融消费者个体转化的问题上,可区分以下情形予以考虑:第一,若提起的诉讼请求是禁令之诉或者交易信息披露等义务履行的作为之诉,当原告方胜诉时,金融消费经营者按判决履行义务的效果直接作用于金融消费者个体。第二,如果提起的是具有金钱给付义务之诉,原告方因证据不足等多种原因败诉的,未加入公益诉讼的金融消费者个体的诉权并不因为公益诉讼的败诉而产生影响,且金融消费公益诉讼中对其有利的证据和事实在另案中仍可适用,而已加入公益诉讼的消费者个体在有新的证据和事实的情况下,亦可另行起诉,法院依旧需要受理并审查。若原告在公益诉讼阶段胜诉的,则需要考虑经营者需承担的给付义务如何履行,如何在众多已参加与未能参加的消费者之间合理分配。笔者认为,因“二阶段诉讼模式”吸收了另外两种模式的优点,可资借鉴。首先,在第一诉讼阶段由机关或者有关组织提起的公益诉讼中,法院仅审查经营者是否需要因违约或者侵权等违法行为而承担金钱赔偿责任,在该阶段并不实际处理赔偿的总额以及如何分配,

---

〔1〕 陈韵:《公益诉讼中的消费者权利保护问题研究》,天津:天津大学硕士学位论文,2013 年,第 30—31 页。

〔2〕 章武生:《论群体性纠纷的解决机制——美国集团诉讼的分析和借鉴》,《中国法学》2007 年第 3 期,第 23 页。

胜诉的结果对已经在该阶段加入或者选择退出的消费者中产生约束力，在第一诉讼阶段已经选择退出的个体消费者可以另行起诉亦可以申请加入第二阶段诉讼。其次，在第二诉讼阶段的开始，法院应将第一阶段的诉讼结果通过各种途径予以公示，未能参与第一阶段或者在第一阶段选择退出的消费者可于一定期限内向机关或者有关组织授权，并按照第一阶段的审理结果对自己的债权数额主张赔偿，法院在第二诉讼阶段根据各消费者个体请求的总的数额内，判令经营者须承担的赔偿总额以及赔偿款在各消费者个体之间如何分配的办法，而经营者将赔偿的数额统一支付到经消费者授权的机关或者有关组织处，消费者个体再按照法院判决中的分配方法申领各自的数额。最后，对于二个阶段的诉讼均已完结，且裁判文书已经发生法律效力之后，未能参与该二个阶段的消费者再次提起诉讼的，在未过诉讼时效期间内，该二阶段的裁判结果可适当扩张到另案再次提起的诉讼中，予以参照适用。

（初审：巢志雄）

民事诉讼中即时通讯记录的证据采用进路

张呜呜、邓咏诗*

【提 要】 法律系以社会为基础构建的规则体系。2012年修改的民事诉讼法将电子证据置于法定独立证据地位，随后的最高人民法院解释又把即时通讯记录纳入电子证据的形式一种。上述修法，概因社会群体行为性状改变之使然。但独立为证却非易事，即时通讯记录在司法应用层面仍欠缺配套的可操作性指引。鉴于此，本文抽取《最高人民法院关于适用〈中华人民共和国民事诉讼法〉的解释》（以下称《解释》）施行后的100份广东基层人民法院民事判决作为分析样本，对其中即时通讯记录的证据出示情况进行现实考量。分析发现，若把一般证据规则应用于即时通讯记录证据上，将遭遇到真实性、合法性和关联性困境，并容易产生证明力降格的倾向。为避免使用过程中的虚化，在实证分析基础上，考察到困境之根源，实为该种新型证据在证据结构技术层面的“相对独立”决定了其在认证过程中需要程序上的“相对独立”。文章尝试从该属内差异出发，借鉴英美法系的“最佳证据规则”“鉴真规则”，解决“证据原件”及“三性”认定难题，再设计证据可采性标准和证明力认定规则方案，以期解决庭审实务问题并求教于同仁。

【关键词】 即时通讯记录 电子证据 证据采信 证据规则

“盖文字或其他符号，如差之毫厘，其意义则可能失之千里；观察时之错误危险深大，尤以当其在实质上对于视觉有所近似时未然”[1]。此谓证据考察之基本理念。民事诉讼法第六十三条将电子数据纳入法定证据种属，意

---

* 作者张呜呜，广州市荔湾区人民法院调研科副科长，Email：toby0426@126.com；作者邓咏诗，女，广州市荔湾区人民法院民二庭法官，Email：13602485079@163.com。

〔1〕［美］Edmund M. Morgan：《证据法之基本问题》，李学灯译，北京：世界书局，1982年，第385页。

味着立法新增独立证据方法;2015年颁布的《解释》进一步将即时通讯记录作为电子数据证据内容。然而,由于我国民事证据规则在立法与实践中存在的框架不完备、系统待完善、轻视认识规律等硬伤,又兼电子系统本身的"沉默性"使之难以传统方式厘清真相,导致无论裁判者抑或当事人在面对即时通讯记录运用表现出不知所措。在不完整的证据规则框架下,只有对新型证据从种属本质起探究其差别,才能试图探索实务中的可操作指引。

一、取样:广东地区基层案件中即时通讯记录出示现状

(一)分析方法

笔者将关注的重点放在2015年2月4日《解释》施行之后,以求探索即时通讯证据在已然获得独立的证据地位之后所面对的司法现实。笔者在中国裁判文书网(http://wenshu.court.gov.cn/)输入关键字"聊天记录",选择法院层级为"基层法院"、案件类型为"民事案件"、审判程序为"一审"、文书类型为"判决书"、地域为"广东省"、裁判日期为"2015年2月4日至2017年2月4日",获得2405份判决书;再筛选排除实际上与即时通讯证据无关的案件。同时考虑到法律从施行到被熟练掌握需要一定的时间,以及新近作出的判决更能反映司法现状,故按25%、50%、25%的比例从近三年判决书中随机抽样,使样本容量达100份。

(二)结果分析

1. 证据使用呈增大趋势

在该2000余案件中,2015年630件、2016年1581件、2017年仅2个月案件便达64件,可见涉即时通讯记录的证据使用是呈逐年增长趋势。而分析样本案由,涉及案由有人格权纠纷、婚姻家庭继承纠纷、物权纠纷、合同、无因管理、不当得利纠纷、知识产权与竞争纠纷、劳动争议、人事争议、涉公司、证券、保险、票据等民事纠纷、侵权责任纠纷。其中合同、无因管理、不当得利纠纷共1653件、次之为婚姻家庭继承纠纷280件,劳动争议、人事争议纠纷共265件,可见在上述民间纠纷中,即时通讯的使用占比较大,概因生活方式与行为方式有较大改变。

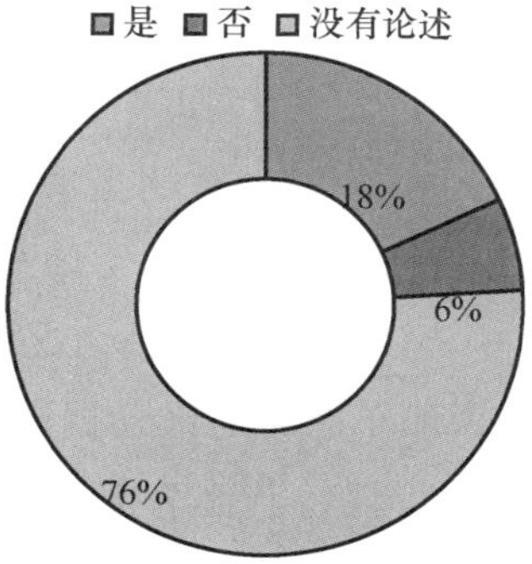

图 1

2. 原始载体概念模糊

《最高人民法院关于民事诉讼证据的若干规定》第十条规定:"当事人向人民法院提供证据,应当提供原件或原物。如需自己保存证据原件、原物或者提供原件、原物确有困难的,可以提供经人民法院核对无异的复制件或者复制品。"在修正后的《中华人民共和国民事诉讼法》第七十条第一款中,亦规定了"书证应当提交原件。物证应当提交原物。提交原件或者原物确有困难的,可以提交复制品、照片、副本、节录本。"绝大部分的民事判决书中,对于即时通讯证据是否有提供原始载体并没有进行论述(如图 1 所示)。由于即时通讯证据的数据信息载体通常为手机或电脑等智能终端,即便能在法庭上出示亦难以做到"在卷为凭",因而最终保留在卷宗中的通常仅为转化后的聊天记录。笔者通过对裁判文书进行整理,撇除其中 65 份没有载明证据运用形式的民事判决书,对余下的样本进行归类,得出的"截图"、"刻录光盘"和"打印"是最主要的证据运用形式(如图 2 所示),其中,截图因低成本及易于操作而最受欢迎。

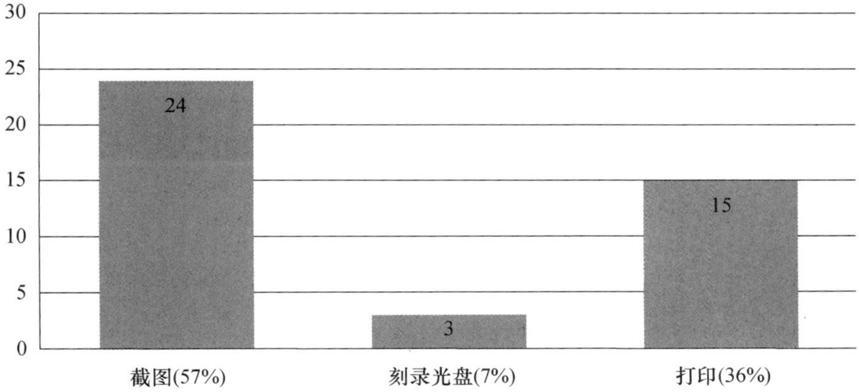

图 2

3. 多不作为定案依据

样本中，并不乏一件案件涉及多类型即时通讯记录的情况，如微信、QQ等。尽管绝大部分的判决书中均有清楚载明当事人提交的是QQ、微信聊天记录，但亦有17份判决书仅查明当事人提交了聊天记录作为证据，对于该聊天记录的类型却在判决书中无法得知。此种情况，一方面反映了判决书的写作未尽规范；另一方面也说明了即时通讯证据未获足够重视，以至于法官在证据认定及查明案件事实时，仅将其作为需要适用补强证据规则的瑕疵性证据，而较少将其直接作为定案依据。

4. 异议审查的一般作法

在15%的案件中，当事人就即时通讯证据的真实性、合法性提出质疑，其中异议成立的有7例，异议不成立有6例，另外有两例判决并没有论述异议审查的情况。而在没有就证据的真实性、合法性提出异议的85例判决中，即时通讯记录证据未获采纳的有8例（见图3、图4）。

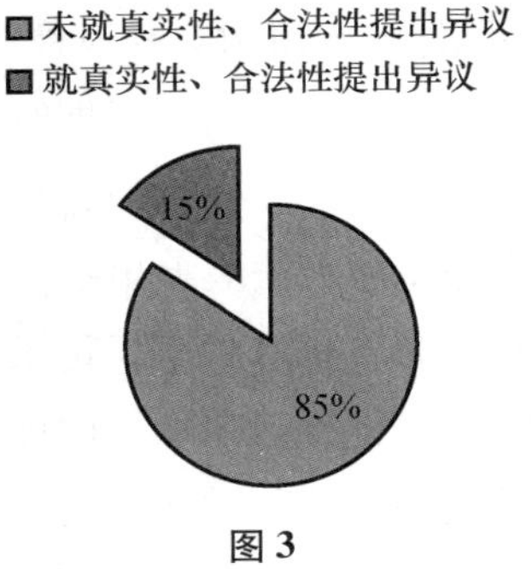

图3

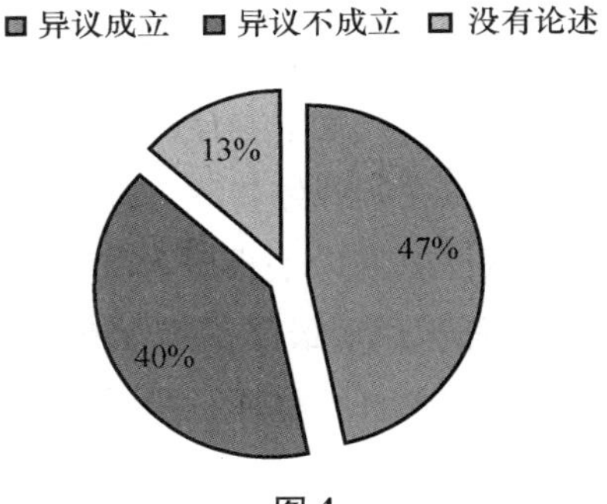

图4

具体而言，在异议成立的7个案例中，有4个案例是因为举证方未能出示原始载体；有2个案例是因为异议者并非聊天记录的相对方，法院以无法核实聊天记录主体的身份信息为由支持该异议；有1个案例尽管异议者即为举证方所主张的聊天记录相对方，但法院认为："该微信聊天记录是原告自己直接从手机截屏出来的，没有经过公证和鉴定，也没有经过其他机构的认证，且保留的聊天记录只是一部分，没有保留到被告方的头像、微信相册照片、家庭照片等，被告对该微信聊天记录又不予认可。现有证据不足以确认上述微信聊天记录的真实性和完整性，该微信聊天记录不符合证据的三性原则，不能作为认定案件事实的依据。”[1]

而在异议不成立的6个案例中，1个案例是因为举证方所提交的记录证据内容恰好与其主张相悖，故即便对方就其提出了异议，法院依旧采纳该证据并驳回原告的诉讼请求；1个案例因异议方的质证意见前后矛盾，故法院不予采纳异议，而采信了即时通讯记录证据；4个案例中，法官不约而同地认为异议方应提交其手中的聊天记录或其他证据予以反驳，否则应承担举证不能的法律后果，其中一份判决中，法官引用了《最高人民法院关于民事诉讼证据的若干规定》第七十五条“有证据证明一方当事人持有证据无正当理由拒不提供，如果对方当事人主张该证据的内容不利于证据持有人，可以推定该主张成立”的规定[2]。

另有8个案件，尽管对方没有就即时通讯证据的真实性、合法性提出异议，但法院经审查后没有采纳该证据。其中，有3个案件是因为被告缺席的情况下，法院认为无法确认该证据的真实性和合法性；有3个案例，法院认为无其他证据佐证，故不予采纳；有2个案例，则是法院审查后认为即时通讯证据与案件缺乏关联，故不予采纳。

从上述统计结果可以看出，法官对即时通讯记录证据的异议进行审查时，较为一致的做法是：第一，审查是否有提供即时通讯记录的数据信息原始载体；第二，在对方否认作为聊天的相对方时，举证方须进一步举证对方的身份信息，否则视为举证不能；第三，若对方质疑的仅为聊天记录的真实性和完整性，基于即时通讯证据的原件非唯一性，质疑方应提交手中的聊天记录予以反驳，否则应承担举证不能的法律后果；第四，若该种证据存在差异，则考虑是否适用证据补强规则。

二、困境：即时通讯记录在民事诉讼中的虚化

虽然在实际操作中，我们的法官尝试使用一般证据规则来解决即时通讯证据适用时所出现的问题，但在何为“原始载体”都定性未明的情况之下，这种“曲线救国”实际无法摆脱因无法定指引所致的证据资格困扰，最典型的便是上文“对方不认可即时通讯记录三性”情况下的异议审查办法。

---

〔1〕 详见广东省茂名市茂南区人民法院（2016）粤0902民初3027号民事判决书。

〔2〕 详见广东省江门市新会区人民法院（2016）粤0705民初1445号民事判决书。

(一)真实性困境

真实性是证据能作为证据的前提指标,是事实真实性与客观真实性竞合后,在法庭中依一定程序表述事实的一种集合属性,其主要包括来源真实性及内容真实性。即时通讯是发讯人与受讯人通过机器代理技术为中介的交流方式,其记录的实质是特定二进制电信代码。这种二进制代码作为存储介质虽然是精确的,但却有天然缺陷:首先,二进制代码无法单独作为证据载体。同理于纸张无法单独作为合同书证载体,没有内容的纸张无法产生证明力,无序的数据代码也无法产生证明力。二进制代码是以“0”“1”两个数字根据一定排列来存储数据内容,其只有通过转换与重识才能为人所知。其次,即时通讯账号可以制作多个“网络假面”。多账号使用会使证据主体及证据来源产生迷惑性,而这恰是审查证据真实性的关键。虚拟主体不具有法律人格,自然无法行使权利义务,承担法律责任。在此种情况下,传统证据中通过现场辨认等确认意思表示主体的方式明显较难适用。最后,公证或鉴定方式实际无法解决真实性问题。样本中,对即时通讯记录真实性认证有双方当事人自认、证据推定、公证鉴定等多种方式,然而占大比例数据的却只有自认与推定,即实际上的间接认定。即便对即时通讯记录进行公证或鉴定,也无法摆脱公证记录是否为原始数据问题。

(二)合法性困境

证据必须具有合法性才能具有证据能力。证据材料若要在审判活动中作为证据使用,其核心便是合法性。笔者认为证据合法性包括主体合法、形式合法、程序合法三个层面。即时通讯记录的主体合法、程序合法尚可套用现有证据规定。而在形式合法上,上文我们曾提及原始载体概念模糊的问题,现将细述之。

即时通讯记录作为证据使用时有出示原件的一般要求。虽然无直接规定,但我们可借鉴:2015年修正的电子签名法第五条规定:“符合下列条件的数据电文,视为满足法律、法规规定的原件形式要求:(一)能够有效地表现所载内容并可供随时调取查用;(二)能够可靠地保证自最终形成时起,内容保持完整、未被更改。但是,在数据电文上增加背书以及数据交换、储存和显示过程中发生的形式变化不影响数据电文的完整性。”《最高人民法院关于民事诉讼证据的若干规定》第十条规定:“当事人向人民法院提供证据,应当提供原件或者原物……”换言之,即时通讯记录作为电子证据的一种,其在庭上出示时必须符合原件要求。但何为即时通讯记录的原件呢?即时通讯记录的原始状态是生成保存于电子终端的二进制代码。作为代码的输出物,如手机,是否能为记录的原件?

在庭审实践中,即时通讯记录通常“转化使用”。通过打印、录影、公证鉴定来获得书证、视听资料、鉴定意见等来解决识别的困难。但这种转化方法却无法“可靠地保证自最终形成时起内容保持完整、未被更改”〔1〕。在取样的案例中,出现被告于质证环节质疑原告取证手段有瑕疵且有篡改内容嫌疑,要求法官对即时通讯记录不予采信。而法官查看双方手机通讯内容,又确实发现同一时段双方记录不一致情况。在缺乏法定取证规范及操作细则的情况下,这种类“幽灵抗辩”〔2〕极易产生。但若存在数据状态及存储环境改变的事实,这种证据原件的质疑又显得合理。

美国民事诉讼规则专家委员会认为,电子数据与书面信息等存在三个重大差异:(1)数据容量大;(2)动态而非静态;(3)电子数据与形成系统分离将变得无法理解〔3〕。“肉眼阅读的、表明其能准确反映数据的打印无或其他输出物均为‘原件’的替代与转化处理方式使即时通讯记录等证据的原件认定在某种意义上更为困难。”〔4〕即使对即时通讯记录的打印件加以公证,其也只能将记录数据固定在公证时的时间节点上,而无法直接证明案件事实发生时的数据状态。当无法绕过这种抗辩之时,案件又回复到了当事人对记录是否自认的尴尬状态。

(三)关联性困境

证据是由信息与载体两部分构成的。传统理论认为,证据必须对待证

---

〔1〕唐厚渊:《论电子商务法的功能等同原则》,《重庆邮电大学学报(社会科学版)》2009年第2期,第31页。

〔2〕该学说源于我国台湾士林地区走私案,被告人于庭上否认其行为为走私行为,称其在公海捕鱼时有匪船靠近,海贼抢走渔获后将一千盒走私烟作为强迫交易物品。法院最终无法证明被告人抗辩事由不存在而判决无罪。现“幽灵抗辩”多指在刑事诉讼中,被告人为减轻或者免除形式责任而提出的,类似幽灵一般难以查证的辩解。

〔3〕冀宗儒、钮杨:《论民事诉讼中电子数据的运用规则》,《证据科学》2016年第4期,第451页。

〔4〕何家弘、张卫平:《外国证据法选择》,北京:人民法院出版社,2000年,第866页。

事实具有实质性意义，并且须与待证事实或其他争议事实有一定联系。这就决定了，要判断证据的关联性就要考察其信息的关联性。但对于即时通讯工具而言，信息在不同语境中的随意化及多义化便成了判断关联性障碍了：首先，即时通讯的特殊语境扩大了传统语素的涵义，如“筒子”可用来指代“同学”；其次，产生新型的网络语素，如“QAQ”“Orz”等系列“颜文字”。这些“空缺结构”[1]需要法官实施综合性认定来填补：一是填补身份关联性，查明涉案电子账号确归当事人或诉讼参与人所有。二是填补行为关联性，当事人或诉讼参与人是否作出了某个行为。三是填补介质关联性，承载记录的设备是否为当事人或诉讼参与人所有。四是填补语言关联性，综合掌握相关记录在特定语境中的个体含义与普通语境中的普适含义，结合具体案情及其他证据判断记录信息与待证事实之间的关联性。

（四）证明力降格的现实倾向

法律层面的无细化规定指引、实际操作中的“三性”认定障碍，导致即时通讯证据作为独立证据的证明力在民事诉讼中受到弱化。结合我们的案例样本，这种证明力的降格体现在两方面：其一，认定为瑕疵证据。由于缺乏认证规则，即时通讯记录必须通过其他证据相互印证来证明待证事实，又或者认为其“证明力弱”而不予考虑。其二，对不同类型的即时通讯记录的证明力不作具体区分来认定。如根据注册户名不同，分为实名记录与匿名记录；根据内容是否加密，分为密文记录与明文记录；根据是否在线同步，分为同步记录与异步记录；根据信息源多少，分为双信源记录及多信源记录；根据是否公证，分为有公证文书记录及无公证文书记录[2]。

笔者认为，即时通讯记录的证明力大小在于两点：一是是否可被采信；二是关联性强弱。而这两点的判断前提则是基于个案审查。即时通讯记录作为电子证据下的一个种类，其当然也具有一般证据的共性，如真伪问题、原始性问题。因此，不能因立法或技术原因便降格证明力。在判断该种记录证据可采性的前提下，判断其与具体案件的关联程度，关联性强则证明力

---

〔1〕 参见［英］哈特：《法律的概念》，张文显、郑成良、杜景义、宋金娜译，北京：中国大百科全书出版社，1996年，第22—128页。即便是最严格与最严谨的传递人们行为准则的立法条款也会出现不确定性即核心含义与边缘含义间的。

〔2〕 陈浩：《即时通讯记录作为证据的司法认定研究》，《证据科学》2017年第1期，第63页。

强,反之亦然。

三、根源:局限性产生于“二维独立”的属内差异

上述困境的产生,是我国立法将即时通讯记录证据混同于一般证据必然导致的结果。尽管法律赋予了即时通讯记录作为独立证据的一种,但由于其特有的属内差异,我们认为该种独立是一种“相对独立”。

(一)即时通讯记录证据的主、辅范畴

对事物的研究首先要一义性地界定事物本身。即时通讯,系发讯人通过网络聊天工具在互联网或移动通讯网络向受讯人实时发送文本、图像和声音等信息的通讯方式。2016 年,我国即时通讯用户逾 6.42 亿,使用率居网络应用首位[1];2017 年即时通讯工具的支付功能基本实现生活支付全覆盖。即时通讯工具打破传统的社交应用局限,从虚拟空间向现实空间融合衍生出理财、支付、购物等功能。结合技术机理与现实变化,本文所研究的即时通讯记录为发讯人、受讯人通过共时通讯所形成的网上聊天记录,包括文字、音频、图像、视频的内容信息,及此过程中发生相关理财、支付、购物等社会活动的附属信息。那么当其作为证据使用时,我们可将上述数据分为两类:一为主体性证据,即系即时通讯消息,用户以打字方式或音频、视频录入智能终端;二为辅助性证据,为由智能终端自动生成,同步或定期存储于客户端的机读数据。

(二)法律赋予的独立证据地位

在电子数据正式入法前,学界曾就其种类归属有不同观点。一是主张归类为“视听资料”。意指对“视听资料”作扩大性解释,是抓住电子证据可转化为“可读形式”(Readable Form),又兼具有以非文字符号形式存储在非纸质介质的特性。该观点一度为我国立法机关及司法机关接受并成为主流

---

〔1〕 中国互联网信息中心:《第 38 次中国互联网络发展状况统计报告》,《网域动态》第 2016 年第 8 期,第 89 页。

看法[1]。二是主张归类为书证。因电子证据多用其记载的内容来证明案件的特点与书证的本质属性更为相似[2]。我国在1999年的《中华人民共和国合同法》中就表达了该种观点[3]。三是主张归类为物证、鉴定结论、混合证据处理,此为少数观点认为。四是主张为独立证据。2013年修订的《中华人民共和国民事诉讼法》在类型上终结了学说分歧,可以说立法最终认可了电子证据的独立证据说。在即时通讯记录方面,最高人民法院于2015年发布的《解释》则首度明确网络即时通讯记录的证据资格。

(三)结构层面的"相对独立"

证据结构,主要是指证据的内容结构,即证据内容的构成方式,或者通俗理解是证据信息之间的组合方式[4]。考察即时通讯记录证据信息之间的关系,我们不难发现构成记录的主体性证据无论其形式为音频抑或图片、视频,其都可转化为语言文字表达的证据元。分解该些证据元,即时通讯记录的证据结构可以分为以下几种组合方式:(1)宾主式。前后对话证据相互依存。(2)呼应式。包括:递进关系,后证据元为前证据元基础上的深化;因果关系,前后证据元分别指向有因果关系的待证事实;时间关系,两个或两个以上证据元出现时间上的相继关系。(3)对偶式。以一个证据元作为基础信息,现相互印证,相互吻合的关系共同指向待证事实。(4)耦合式。证据元为无逻辑的随机对话。

上述四种证据结构在即时通讯记录中以前三种居多,这是由即时通讯记录技术运用情况所决定的。首先,即时通讯记录对象相对固定。相较于博客、微博等公开性较强的电子证据,通讯记录存在于发讯人与受讯人之间,私密性与随意性更加明显,而通讯也多存在双方之间。其次,即时通讯记录内容更具对向性。其以发讯人与受讯人对话为主要内容,而二者对话

---

〔1〕 北京市高级人民法院《关于办理各类案件有关证据问题的规定(试行)》第3条第7项:"3. 证据的种类有:……⑦视听资料(包括录音录像资料和电子数据交换、电子邮件、电子数据等电脑贮存资料)。"该规定于2001年10月1日起试行。

〔2〕 1982年欧洲理事会《电子处理资金划拨》报告认为电子证据划入书证更符合其特点和国际规范。

〔3〕 该法第十一条明确规定:"书面形式是指合同书、信件及数据电文(包括电报、电传、传真、电子数据交换及电子邮件)等可以有形地表现所在内容的形式。"

〔4〕 袁宗评:《证据结构研究》,《中国刑事法杂志》2007年第2期,第73页。

由起始句、回复句模式结对出现。最后，即时通讯记录存在碎片化信息特征。即时通讯方式的主观互动属性使得其“不以固定符号、数据、代码抑或固定的顺序搭配”出现，在使用记录时需要对碎片化的信息进行提取。随这种结构“相对独立”而来的便是认证过程中的“相对独立”需求。

（四）认证层面的“相对独立”

结构层面的“相对独立”，实质为即时通讯记录在使用时所面临的短板。作为证据的一种，我们应该认同即时通讯记录在认证原则、认证标准方面与一般证据具有共通性，但由于自身的结构差异，其认证方法、认证程序、认证步骤、认证规则等必须区别于其他证据。此为即时通讯记录在证据认证层面的“相对独立性”。在认证方法方面，即时通讯记录需要借助辅助性技术的认证方法先行完成法律认证以外的技术认证。在认证程序方面，法官必须针对记录中所呈现的社会关系弱联性、语言偏理性、人格虚拟化等问题构建多记录印证、高度盖然性的证明过程。在认证步骤方面，因即时通讯账号多以昵称出现，法官通常须确认账号真实性，才能进行合法性和关联性判断。在认证规则方面，区别电子数据交换等其他行业所有的标准代码，即时通讯的随意性需要有针对地构建鉴真规则等来进行认证。

四、回归：法庭调查阶段的认证规则构建

囿于篇幅，本文仅针对解决基层法院实务操作问题，尝试构建庭审调查阶段的即时通讯记录认证规则，即如何对证据可采性和关联性进行鉴别、核实并最终确认其效力，辅以参考英美法系较为系统的电子证据认证规则。

（一）即时通讯记录证据的可采性标准设计

1. 最佳证据规则在“原件”问题上的借鉴

在我国现有的民事诉讼证据制度当中，法庭均要求当事人提供其出示证据原件。原件被定义为“文件制作人最初制成的文件”[1]。因循于此，便

---

〔1〕 蔡虹：《民事诉讼法学》（第三版），北京：中国法制出版社，2008 年，第 153 页。

有了《最高人民法院关于民事诉讼证据的若干规定》第二十二条:“调查人员调查收集计算机数据或者录音、录像等视听资料的,应当要求被调查人提供有关资料的原始载体……”,相对于这种“原始载体”,复印件则为“用有形载体固定或者表现的电子数据交换、电子邮件、电子数据等电脑储存资料”。正是对原件的刻板印象,为了解决原件进入法庭的问题,才会有公证鉴定的做法。

与我国实务中原件的狭义理解形成鲜明对比的是美国的最佳证据规则。美国《联邦证据规则》第1001(d)条规定“文书或记录的原件(original)是指文书或记录本身,或由某人作成或签署的其意欲产生相同效力的任何对应物(counterpart)。电子存储信息的原件,是指表明准确地反映了信息的任何打印件或凭外观”。而该国《加利福尼亚州证据法典》更是对电子证据中的最佳证据规则使用进行细致全面的规定。法典第1500.5条对关于借助计算机或计算机可读存储介质而使用或存储的计算机信息或计算机程序的打印材料的可采性和相关证明责任进行了规定:(1)如果某一计算机信息或相关程序是借助该特定计算机或计算机的可读存储介质而生成或存储的,则应当采纳有关该计算机信息或相关程序的打印材料,从而用以证明存在该计算机信息或程序,而不必考虑最佳证据规则的规定。(2)对于特定计算机系统记录的计算机信息或相关程序以及其复制件。不得直接引用最佳证据规则来排斥其可采性。(3)对于特定计算机信息或相关程序的打印件,可以直接推定其能够准确表示其所要表达的该特定计算机信息或相关程序的内容。从上述法条,我们不难看出,适用最佳证据规则的美国法中的“原件”是一个宽泛概念,其为提高事实认定程序的准确性,而非制造当事人提供证据的障碍。

借鉴该规则,我们可以将可证明即时通讯记录内容的所有形式都纳入原件范畴,即包括除即时通讯记录缓存于数据终端的元数据本身外,由当事人制作的完全保全并准确反映记录内容的副本、复本等可读物。如若某一记录通过视频或数字介质生成并存储,则应当采纳有关该图像的电子打印材料。对于以视频或数字方式存储的图像的打印材料,应当推定其能够准确表达所要表达的图像。但该推定是一个仅能影响部分证明责任分配的推定。若参加诉讼程序的任意一方当事人能够提供证据证明该打印材料不准确,则由出示该打印材料作为证据使用的一方承担其证据可采性责任。

2. 鉴真规则在“三性”认定问题上的借鉴

鉴真规则旨在通过对实物证据同一性进行鉴别来考究出示证据与主张是否一致。美国《联邦证据规则》第 901 条的“鉴真要件”与第 902 条的“自我鉴真”组成了该国的鉴真规则。之所以借鉴该规则,是由于其具有如下功能:一是鉴真规则确保了证据形式上的合法性,其规制的是实物证据的准入问题。若一方举证与主张不服,该证据则应排除于庭审程序之外。二是鉴真规则的两步认证模式可避免证据规则在适用过程中的虚化。该两步法是:第一步对材料是否具备证据能力进行形式审查;第二步对证据是否具有证明力进行实质审查。

(1)真实性认定。对通讯主体及通讯数据的真实性与同一性进行鉴真。即时通讯工具通常不需要严格的实名认证,并且可以尝试修改和抹去数据痕迹。在缺乏自认、证人具结的情况下,可结合同时段的日志、相册等互相印证来对即时通讯的实际主体进行鉴真。

(2)关联性认定。若举证方能证明其所出示的证据指向其诉讼主张,那么这一证据便具备了与待证事实之间的关联关系。即考察证据与待证事实之间的关联是否真实存在,至于证据内容的关联性,则在其后对证明力的审查判断程序中伴随着对案件事实的查明,通过控辩双方充分的举证、质证互动来完成。

(3)合法性认定。①主体合法,是为合法主体所收集的电子证据。②记录数据的取得符合法律规定,未以威胁、引诱、欺骗等手段,也不以侵犯公民人身权利或第三方权利等不法行为及方式取得。③形式合法,包括记录获取、生成方式是否合法;保管链条是否合法;复件内容是否与原件一致。其中对保管链条的审查时为确保证据在获取、生成完毕到出示该段时间内,未经人为删减、篡改;对复件来源审查,是确保复件与原件的同质性,避免复件在复制过程中受到删减、拼接。

(二)即时通讯记录证明力认定规则设计

1. 可受性判断

这是对即时通讯记录鉴真后的进一步辨认,具体而言为:(1)记录是否全面反映信息并便捷地获得使用。(2)记录的形状与其生成、存储或传输时状态一致,或虽为复件等其他可读物也能准确反映其初始状态。(3)准确识别记录收发主体、收发时间。

2. 可靠性判断

判断即时通讯记录的可靠性，须考虑其生成、存储和传输方式、技术手段、运行程序等诸多因素是否保持了其初始形状。对记录可靠性推定做法可参考域外立法来进行摸索证明（Ausforschungsbeweis）。第一，确认记录运行的电子设备是可靠的。可供推定证据可由任何一方当事人提出，既包括生成记录和运行记录的特定电子设备系统。第二，确定记录提供或保存的主体不利于举证方的当事人。可供推定的证据从对方当事人手中获得，若该种记录不可靠，则申请调取该证据的当事人即有可能质疑其真实性，并推翻此推定。第三，确定记录生成或保存的整个过程正常。可供推定的证据是在主张该证据的当事人无法掌控生成过程的情况下由其他主体制作的记录，否则可使用第一种情形下的推定。

3. 证明力大小判断

（1）公证记录的证明力大于非公证记录。除了一些传统公证手段，现国内外都兴起了“网络公证”手段，当然这并非意味经公证的记录不可推翻，从实践看，对记录收集过程进行公证的有效方法是开展网络公证。（2）在正常交往活动中制作的记录证明力大于为诉讼目的制作的记录。第一种记录数据倾向于类似英美法系中的业务记录，一般可推定属实。（3）不利方保存的记录证明力大于由中立第三方保存的记录，由有利方保存的记录证明力最小[1]。（4）由核证程序产生的记录具有较高证明力。即记录证据也适用于我国《最高人民法院关于民事诉讼证据的若干规定》第七十七条所规定的证明力大小标准。

五、结语

“社会不是以法律为基础的，那是法学家们的幻想。相反的，法律应以社会为基础。”[2] 如今网络技术已经改变了大多数人的生活及交易习惯，“云端数据”中基本完整的“数据痕迹”也日渐成为电子证据提取的必然部分。然而，我国在证据法律制度的建立上存在较大的滞后，既未有作为母法

〔1〕 汪振林、畅君元、赵长江：《电子证据学》，北京：中国政法大学出版社，2016年，第308页。

〔2〕 马克思、恩格斯：《马克思恩格斯全集》（第六卷），北京：人民出版社，1961年，第291页。

证据法,专门的电子证据法也无从谈起。因此只有充分运用现有框架与空间,修复目前电子证据证明环节缺失的部分,使得即时通讯记录在证明环节的运用中有规可循,其意义是不言自明的。

(初审:巢志雄)

线上支付案件多层次证明规则的司法运用

潘锋、杨斯森*

【提　要】 近年来，以互联网为平台的线上支付业务发展迅速，由此衍生银行卡网络盗刷案件频繁发生。在司法实践中，审理此类案件面临诸多问题，其核心问题在于，基于银行与持卡人之间的储蓄合同关系，持卡人负有善管其银行卡及密码等义务，而银行则对储户资金负有安全保障及谨慎审查交易信息义务。但是，由于电子数据运用的难度，根据现行民事诉讼法的证据规则，很难证明持卡人及银行是否都尽了各自的义务。鉴于此，本文以审判实践素材为基础，根据线上支付的特征，结合支付的具体环节，提出了一个渐次的举证观点，即初步证明责任遵循"谁主张谁举证"的原则，银行卡密码泄露的证明适用"推定法则"，线上支付是否本人或授权交易的证明适用"举证责任倒置"的规则。笔者认为，这一证明模式对于解决线上支付案件举证与证明难度有一定的实践运用及理论探索价值。

【关键词】 多层次证明规则　线上支付　电子数据　司法运用

一、问题的提出：线上盗刷案件的举证责任应如何分配

（一）判例的观点：银行须证明已合理履行安全保障义务

梁某在银行办理了一张银行卡（设有密码），该卡账户交易记录显示：2015年1月14日至16日期间，通过"工银e支付"发生3笔消费，金额合计3000元；通过第三方支付（掌钱）转账4笔款项，金额合计16200元，收款人

---

* 作者潘锋，广东省广州市越秀区人民法院金融庭庭长；作者杨斯森，广东省广州市越秀区人民法院金融庭审判长，Email：22767174@qq.com。

均为他人。梁某认为交易并非本人所为,遂向公安机关报案,并诉至法院,请求银行赔偿存款损失 19200 元及利息。

一审法院判决驳回了梁某的诉讼请求,认为开通“工银 e 支付”功能需要申请人提供银行卡号、网银登录密码、预留手机号和短信验证码,进行“工银 e 支付”消费需要申请人提供银行卡号、e 支付绑定的手机号及支付验证码;第三方支付需要个人身份信息、银行卡号、银行卡密码、设置支付密码以及银行预留手机号方能注册和支付。梁某的银行预留手机号码和收取短信验证码的手机号码均为其手机号。梁某向银行申请开立网上银行、手机银行业务,并承诺遵守相关业务章程、服务协议,根据《中国银行借记卡章程》和《中国银行电子银行个人客户服务协议》约定,持卡人须妥善保管银行卡和密码、电子银行注册卡号(账号、登录 ID 或注册手机号码)、电子银行口令卡、U 盾、工银电子密码器及接收短信认证和“工银 e 支付”信息的手机。即是说,相关信息应由持卡人自行持有并尽妥善保管的义务。根据客户服务协议,银行根据持卡人的电子银行业务指令办理业务,对所有使用持卡人在银行设定的身份标识信息(包括账户账号、卡号、电话或手机号码、客户名称、终端设备信息等),并按照持卡人在银行设定的身份认证方式(包括密码、客户证书、动态口令等)通过身份验证的操作均视为持卡人所为,网上操作所产生的电子信息记录均为银行处理电子银行业务的有效凭据。申请人一旦输入上述有效信息,银行即将操作视为持卡人本人所为,并根据申请人的指令进行相关划款。梁某主张银行未尽妥善保管存款的义务,存在违约或过错,缺乏事实根据和法律依据,应不予支持。[1]

梁某不服判决,提起上诉。二审法院经审理后,判决撤销一审判决,判决银行赔偿梁某七成经济损失,即 13440 元及相应利息。二审认为,按照我国合同法第一百零七条、第一百二十条的规定,如果合同履行过程中基于双方共同违约所造成的损失,应当据实分担损失。梁某卡内存款损失系通过“工银 e 支付”消费和掌钱转账方式而产生,根据流程规则,消费或转账成功均需要银行卡密码、网银登录密码和验证码完全正确。由于银行卡密码和登录密码为梁某掌握,根据日常生活经验法则判断,其个人私密信息、银行卡密码因本人不够谨慎发生泄露,故梁某对于款项的损失有不当之处。但

---

〔1〕 详见广东省广州市越秀区人民法院(2015)穗越法金民初字第 709 号民事判决书。

如果银行的验证码能够正常发送至梁某的手机，不被病毒软件拦截，梁某的款项便不会发生损失。本案虽然银行已向梁某的手机发出了验证码信息，但梁某的手机并未收到，且相关证据显示客户短信已被拦截，导致梁某手机无法收到消费和转账的短信验证码，进而导致存款损失，表明银行在履行合同过程中未正确尽到通知义务，存在违约行为。故梁某的存款损失系梁某和银行的共同违约所致。考虑到银行作为以营利为目的的商事主体，在向持卡人提供服务的过程中，更有能力预防和避免不法分子通过科技手段来侵害金融服务系统，以保障持卡人的资金安全，故根据公平和诚实信用原则，应对存款损失承担相应的赔偿责任。[1]

同类案件，法院对于银行的责任还作如下评述：一、银行虽举证证明其已向持卡人的手机发送验证码短信，但从目前的社会发展情况和网络通信技术水平来看，短信发送行为不足以说明验证码短信已经到达持卡人的个人手机，不排除他人恶意拦截的可能性，以验证码方式保护结算账户的资金安全也可能存在风险问题，银行发送验证码短信的行为不足以证明其履行了安全保障义务；银行在为持卡人提供网上转账交易方式的同时，未尽提供与之相应的必要的安全、保密交易环境、程序的附随义务，其须对持卡人的资金损失承担相应的赔偿责任。二、根据《中国银监会、中国人民银行关于加强商业银行与第三方支付机构合作业务管理的通知》的有关规定，银行应对持卡人的银行卡账户资金进行实时监控，并对持卡人通过第三方支付公司进行的交易建立监控机制，发现和处置异常行为、套现或欺诈事件，银行应对持卡人的账户异常、套现或欺诈事件等事实承担举证责任。银行未能提供网上交易发生地点、资金去向及流转等证据，应承担举证不能的法律后果。[2]

（二）银行的观点：证明责任过于严苛

对于银行卡线上盗刷案件，以往法院多以持卡人未能提供充分证据为由，驳回其诉讼请求，[3] 判决银行承担一定责任的案件并不多。[4] 随着时

---

〔1〕 详见广东省广州市中级人民法院（2015）穗中法金民终字第1066号民事判决书。

〔2〕 详见广东省广州市中级人民法院（2016）粤01民终816号民事判决书。

〔3〕 《不慎泄露银行卡信息，被人取款近万元——扬州一男子向银行索赔被驳回》，载《人民法院报》2015年8月19日，第3版。

〔4〕 《当心！信用卡开通网上支付功能有漏洞——上海一持卡人被盗刷2万余元，银行被判担责两成》，载《人民法院报》2016年3月2日，第3版。

间的推移，开始出现法院以银行未尽安全保障义务为由，判处银行对持卡人的存款损失承担主要责任。〔1〕 虽然当事人在案件终审后能偃旗息鼓，但他们都想刨根问底，弄清线上盗刷的过程。尤其是银行，其认为在网络支付安全保障措施上，银行已为用户的存款设置了不止一道的“防盗门”，然用户若将大门钥匙“交给”他人，那么不论大门的安全系数有多高，门总会被打开。银行还认为，在电子支付中，银行支付系统只会识别交易指令的“对”与“错”，在指令正确的情况下，支付系统不可能对发送指令人的身份进行识别。作为法官，也经常纠结于按照民事诉讼证据规则作出的裁判，是否符合电子支付的交易规律，在判定银行是否已尽对存款的安全保障义务上，标准是否合理。

（三）学界的观点：证明责任分配应符合电子支付的交易规律

银行卡交易包括柜面、ATM 机、电话和网上银行等交易方式，不同的交易模式差异，银行履行注意义务的难度有所不同，在柜面交易相对比较容易，而在其他交易中则比较困难，尤其是在电话和网上银行业务中根本无法审查身份证件和银行卡。〔2〕

我国电子签名法第九条第三项中规定，收件人按照发件人认可的方法对数据电文进行验证后结果相符的视为发件人发送；第十四条规定，可靠的电子签名与手写签名或者盖章具有同等的法律效力。故有观点认为，只要客观上在电子银行交易中使用了密码，如无免责事由，则视为交易者本人使用密码从事了交易行为，本人对此交易承担相应责任，除非有密码使用涉及的软件密级程度过低、失窃失密后及时向银行挂失、操作系统受到黑客攻击等情形。〔3〕

根据电子支付流程，银行卡网上消费或转账需要银行卡密码、交易密码和验证码完全正确，方能交易成功。银行接受正确的支付指令，若属于善意不存在过失的，出于密码交易的有效性，应视为银行正确履行了合同，银行

---

〔1〕 详见广东省广州市中级人民法院（2016）粤 01 民终 824 号民事判决书；广东省广州市中级人民法院（2016）粤 01 民终 816 号民事判决书。

〔2〕 最高人民法院民事审判第二庭编：《金融案件审判指导》，北京：法律出版社，2015 年，第 149 页。

〔3〕 王兆东：《银行卡密码的法律效力及法律归责——A 先生诉 B 银行银行卡存款纠纷案件的法律分析》，《华北金融》2008 年第 7 期。

进行的付款行为具有民法上的履行效力，根据表见代理理论，无权处分不必然导致行为无效。按照“外观主义原则”，如果无受领权人在外观上给人以受领权的表象，则会产生履行人的履行行为有效的效果，产生债务人清偿债务的效力。[1]

电子签名的法律效力和外观主义理论的适用，在一定程度上影响着线上支付案件的举证证明责任，在银行提供证据证明支付系统符合《电子银行安全评估指引》的要求时，持卡人若不能提供其他免责的证据，将面临不利的诉讼后果。

二、银行卡线上盗刷案件举证现状剖析

银行卡线上盗刷案件证明难度极大，其中涉及大量网络信息与相关电子数据的调查，科技性含量高且需要包括电信部门、银联组织、非金融支付机构等案外人的大力配合，其间还必须兼顾相关公民隐私权的保护，不得不说此类案件的证明实在是步步维艰。

（一）盗刷事实难以证明

按照我国民事诉讼法对于举证责任的一般规定，银行卡线上盗刷案件中，作为原告的持卡人应当证明其银行卡被他人盗刷的事实。然而此类案件整个交易过程皆发生在网络之上，即便是持卡人所能提供的直接证据也不多，绝大多数案件起诉时持卡人只能提供个人身份资料、银行卡、账户流水清单、报警回执等证据材料，其他能够证明存在线上盗刷事实的证据材料基本无法提供。因此，受接触证据范围所限，原告方基本无法知悉持卡人的个人资料、银行卡信息、密码的泄露过程，更遑论提供证据进行证明。值得一提的是，当支付环节涉及非金融支付机构如第三方支付公司时，还要查明第三方支付公司与银行之间的关系、第三方支付公司履行职责的情况。绝大部分的案件如果不向银联组织、电信部门、非金融支付机构调查核实，根本无法查清事发真相。然而相关的协助查询部门并非案件当事人，配合法

[1] 丁海湖、田飞：《“克隆”卡纠纷案件的审判难点及对策》，《人民司法》2010年第1期，第60页。

院调查的积极性尚且不高，一些部门甚至以法院调查不符合宪法规定，[1]不予配合。一般公民若要从中获得证据，更是困难重重。因此，遵循“谁主张谁举证”的一般证据规则，将举证责任归于原告，很可能导致维权无门的境地。

（二）盗刷过程难以取证

银行卡线上盗刷属于电子支付交易，互联网领域涉及专业技术性问题较多。持卡人使用手机误入钓鱼网站或点击带有恶意软件的手机短信后，其个人资料和银行卡信息随即可能发生泄露。现实中发现，不法分子利用获取的持卡人个人资料和银行卡信息，登录支付网站，修改用户的银行预留手机号，达到“接管”用户银行卡账户的目的，继而截取交易验证码，实施线上盗刷行为。其修改用户的银行预留手机号，造成持卡人无法接收到交易验证码和账户余额提示短信，延误了保全证据的时间，事实还原困难。以移动支付为例，持卡人初次注册只需要提供银行卡号、户名、手机号码和银行卡密码等信息，经银行验证正确即可实现手机与账户的绑定，再次使用时不需要重复输入银行卡信息，只需要通过短信验证码即可完成支付。在手机银行这类通过移动终端完成交易的电子支付中，很难跟踪支付指令的发送坐标，无法以“时空间隔不合常理”来判断线上支付是否涉及盗刷行为。

（三）盗刷证据难以认定

在银行卡线上支付交易中，支付指令的发送、接收、信息确认，均是通过数据传输方式完成，整个流程以电子数据形式展现为主。电子证据相比于传统证据具有高科技性、易损性、隐蔽性等特征，证据采集、固定和认证的专业性较强，一般人员很难取证。客观存在的电子证据如未能详尽呈现于法庭，造成许多与法律责任认定有关的事实无法形成完整的“证据链”，案件事实不清。在司法实践中，往往出现法庭将举证责任分配给谁，谁就面临举证不能的败诉风险。

---

〔1〕《中华人民共和国宪法》第四十条规定：“中华人民共和国公民的通信自由和通信秘密受法律的保护。除因国家安全或者追查刑事犯罪的需要，由公安机关或者检察机关依照法律规定的程序对通信进行检查外，任何组织或者个人不得以任何理由侵犯公民的通信自由和通信秘密。”

(四)证明标准界定不清

至今为止,立法机关尚未制定调整线上支付纠纷案件的法律法规或司法解释。现用于规范线上支付业务的主要规范是中国人民银行制定的《电子支付指引(第一号)》、《非金融机构支付服务管理办法》及其实施细则,这些规定属于部门规章,法律位阶不高,对于解决线上支付纠纷案件的举证责任问题,没有具体规定。法官在处理该类案件时,受价值取向和利益衡量的影响,对举证证明责任的认定标准难统一,同案异判现象时有发生。

三、线上支付案件证明规则的完善

在分配线上电子支付的证明责任之前,应对相关的支付流程有所了解,以便可以根据不同的交易环节和风险点,适用民事诉讼证据规则,分配举证责任。

建设银行的网银(二代网银盾)支付流程

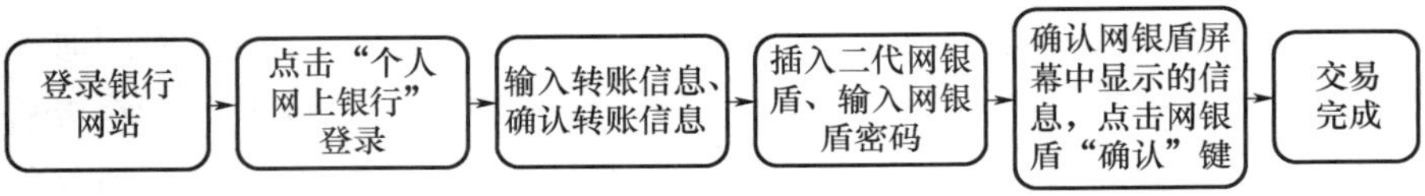

工商银行的网银(U盾)支付流程

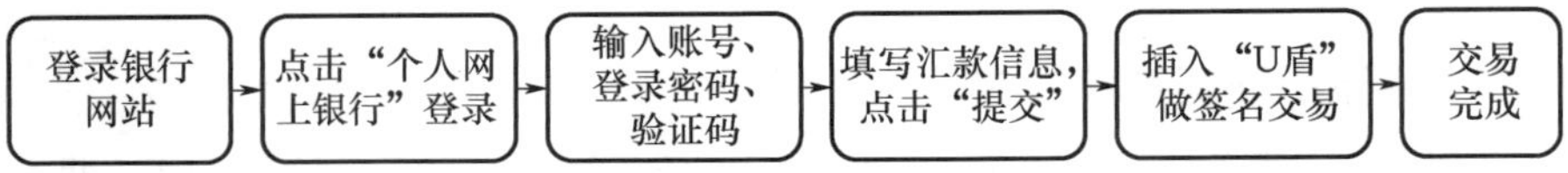

工商银行的“工银e支付”流程图

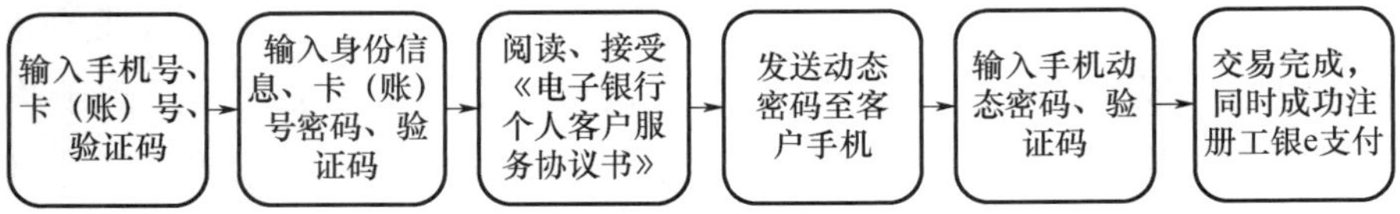

第三方支付(支付宝)注册流程图

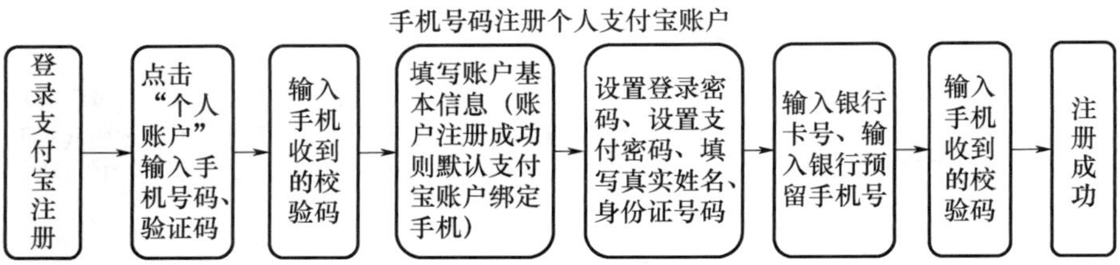

上图是电子银行业务流程,[1]开通网上支付功能,这是银行卡进行网上支付的第一步骤。线上电子支付交易的业务种类主要有网上银行、电话银行、手机银行以及其他利用电子服务的设备和网络,由客户通过自助服务方式完成金融交易的银行业务。不论哪种支付模式,使用银行卡进行线上电子支付,通常需要经过两个环节:一是申请开通网上支付功能;二是进行网上支付操作。在这两个环节中,涉及的支付风险包括系统风险和操作风险。若属于系统风险,由于支付系统是由系统提供者负责,故系统安全与否、是否存在漏洞等事实,应由系统提供者承担主要举证责任;若属于操作风险,由于操作行为属于行为人作出的意思表示,故操作过失的事实,应根据"谁操作谁负责"的原则,由行为人承担举证责任。因此,我们认为在银行卡网络盗刷案件中,举证责任的分配不应一概而论,而需要根据不同的交易环节和风险点,适用民事诉讼证据规则,有针对性地明确举证责任之归属。

(一)举证责任分配规则

线上电子支付并未改变银行与持卡人之间储蓄合同关系的权利义务,持卡人仍负有妥善保管银行卡及其密码的义务,银行则对持卡人的银行卡账户内存款资金负有安全保障义务以及谨慎审查电子交易信息的义务。在该类案件中,持卡人是否泄露了银行卡密码和线上支付是否本人或授权交易是案件审理的难点。由于民事诉讼查明事实的手段有限,案件的一些关键事实根本无法查清,比如银行卡信息和密码究竟是如何泄露的,持卡人是否与盗刷者存在共谋而报假案,法院只能依据证据优势原则和分配举证责任认定事实,法院查明的法律事实远没有接近客观事实。[2] 但是法院对案件不能拒绝裁判,故确定合理的举证责任分配规则,显得尤为重要。线上电子支付交易有其不同于传统交易模式的业务环境和运行方式,在处理民事纠纷中应建立与之相适应的举证责任规则。

1. *初步证明责任遵循"谁主张谁举证"的举证原则*

银行卡线上盗刷案件属于一般侵权案件,当事人首先应当按照民事诉

---

〔1〕《电子银行业务管理办法》第二条第一款规定:"本办法所称电子银行业务,是指商业银行等银行业金融机构利用面向社会公众开放的通讯通道或开放公众网络,以及银行为特定自助服务设施或客户建立的专用网络,向客户提供的银行服务。"

〔2〕最高人民法院民事审判第二庭编:《金融案件审判指导》,北京:法律出版社,2015年,第142页。

讼法的“谁主张谁举证”基本举证原则，对自己的主张和抗辩意见提供相应证据予以证明。作为持卡人，起诉时应当按照民事诉讼法有关规定，[1]提供侵权事实发生的证据，以证明其民事权利受到侵犯；作为银行，应提供其支付系统符合技术规范，不存在安全漏洞的证据，以证明其履行了存款安全保障义务。

2. 银行卡密码被泄露的证明责任适用“推定法则”

如上图所示，凡进行线上电子支付，银行卡密码的输入是必经环节，即便一些快捷支付服务无须输入密码，但在注册开通快捷支付前，仍需要凭银行卡密码办理。由此可见，银行卡密码是线上电子支付的一把“钥匙”。在银行卡密码的保密问题上，银行与持卡人任何一方证明对方泄露了密码，都能够以此要求对方承担相应的责任。但在没有证据证明对方对密码的泄露存在过错的情况下，基于密码是由持卡人自行设定和保管，具有唯一性和私密性。从现有技术看，银行卡密码一经设定，非经复杂的破译程序不可再现。根据证据持有人负有举证责任的原理，应由持卡人举证证明银行对密码保管不善的责任，如不能举证，则根据生活经验法则，推定持卡人因密码保管不妥导致泄露，存有过错责任。

3. 线上支付是否本人或授权交易的证明适用“举证责任倒置”规则

在互联网金融中，银行和其他网络服务提供者控制着大量与交易有关的数据信息，这类信息非一般人员能获取。基于电子银行业务数据由银行保存[2]和解决金融消费者维权成本高的考量，有必要对线上支付安全性的证明问题采取举证责任倒置规则，以缓解金融消费者的举证证明难题。由提供网络金融服务一方即银行，对其支付行为无过错的事实承担举证责任，可较为彻底地解决持卡人在专业性、技术性较强的案件中的举证困难。

(1)举证责任倒置的必要性

网上支付交易涉及利用互联网技术和信息通信技术实现资金融通、支付等新型金融业务模式。在诉讼中，法官对当事人科以举证责任时，应当是占有或者接近证据材料，有条件并有能力收集证据的一方当事人，否则，由

---

〔1〕《中华人民共和国民事诉讼法》第一百一十九条规定：“起诉必须符合下列条件：(一)原告是与本案有直接利害关系的公民、法人和其他组织；(二)有明确的被告；(三)有具体的诉讼请求和事实、理由；(四)属于人民法院受理民事诉讼的范围和受诉人民法院管辖。”

〔2〕《电子银行业务管理办法》第五十一条规定：“金融机构应采取适当的方法和技术，记录并妥善保存电子银行业务数据，电子银行业务数据的保存期限应符合法律法规的有关要求。”

远离证据材料，又缺乏必要的收集证据的条件与手段的当事人负举证责任是不公平的。[1] 电子证据具有高科技性、易损性、隐蔽性等特征，完整、真实和不可否认的传输交易数据具有证据的证明力。司法实践中需要解决电子证据的收集、固定和确定其内容保持原有状态的问题。对于证据收集渠道，需要根据电子数据的传输痕迹，由数据交换接收系统的系统管理方提供；在证据固定方面，需要通过一定的形式如公证或专业机构认证，实现电子证据向“有纸化”的转化。这些工作，作为金融消费者的持卡人，受客观因素和举证能力影响，往往难以收集、固定这类证据。因此，有必要对该类案件的某些交易环节采取举证责任倒置。

(2)举证责任倒置的可行性

随着大数据技术的运用和信息化建设的推进，各系统各部门逐步实现资源共享，从举证能力的角度考虑，银行有能力凭借自己的数据系统，收集到相关数据信息和实时分析，由此获得仅凭直觉难以发现的有用信息，进而揭示数据背后的规律，分析持卡人的消费规律和用卡习惯，对异常交易及时发现和预警。而且，根据最高人民法院印发的《关于审理银行卡民商事纠纷案件若干问题的座谈会纪要(讨论稿)》，其中第三条第八项规定了关于“客户未经网上银行登录进行网上支付发生的交易，持卡人不得以此拒偿因使用银行卡交易所产生的债务”格式条款的效力，指出银行卡领用合约约定，对于客户未经网上银行登录进行网上支付发生的交易纠纷，银行不负任何责任，客户不得以此拒偿因使用银行卡交易所产生的债务，但有证据证明该网上支付交易不是持卡人本人或者授权交易，且发卡行无证据证明持卡人对该交易具有过错的，对于发卡行关于其不承担该交易责任的请求，人民法院不予支持。可见，审判机关对持卡人在线上盗刷中是否存在过错责任的问题，亦是采取过银行负责举证的原则。

(二)持卡人的举证责任

1. 银行卡原件，以证明持卡人是与本案有直接利害关系的公民；

2. 银行卡账户资金流水清单，通过清单上的资金减少、资金划转时间、

---

[1] 李国光主编:《最高人民法院〈关于民事诉讼证据的若干规定〉的理解与适用》，北京:法律出版社,2002 年,第 102 页。

收款人或商家名称等记录内容，证明交易异常，发生侵权事实；

3. 银行卡挂失记录，报警回执、向银行或第三方支付平台申请冻结账户等凭证，以证明线上电子支付行为并非本人所为；

4. 立案决定书、刑事判决书，以证明犯罪嫌疑人实施了银行卡线上盗刷行为的事实；

5. 手机通话记录、短信记录或网页截面，以证明持卡人遇到电信诈骗，点击打开过带有木马病毒的短信、登录过钓鱼网站，以证明持卡人曾经遇到诈骗；

6. 持有预留手机号码的手机，以证明持卡人履行了妥善保管移动支付终端的义务。

（三）银行的举证责任

1. 持卡人开通线上电子支付功能的证据

如持卡人填写的开卡申请表、持卡人申请开通线上支付功能的客服录音或操作网页截图，以证明银行已向用户履行线上支付风险问题的告知义务[1]。

2. 对电子银行服务协议的责任减免条款已作明确说明义务的证据

银行应对服务协议中有关用户权利义务的条款予以说明和解释，尤其是有关银行方面责任减轻和免除的格式条款，以证明服务协议相关条款具有法律效力。

3. 持卡人未尽妥善保管银行卡信息的证据

线上电子支付不需要实体卡作为接触介体，需要的银行卡信息主要为卡号、有效期、CVV 校验码等，而这些信息记载于卡片表面，具有开放性，即便持卡人谨慎用卡，“有心人”也可以通过摘抄、复印、拍照、记忆等方式获取这些信息，故这些信息发生泄露，需要区分是否存在持卡人主观上可非难的情况。若持卡人否认未尽妥善保管该些信息时，按照“证有不证无”的基本证明原则，银行应对持卡人未尽妥善保管银行卡导致银行卡信息发生泄露

---

[1] 《电子银行业务管理办法》第三十九条规定：“金融机构应当与客户签订电子银行服务协议或合同，明确双方的权利和义务。在电子银行服务协议中，金融机构应向客户充分揭示利用电子银行进行交易可能面临的风险，金融机构已经采取的风险控制措施和客户应采取的风险控制措施，以及相关风险的责任承担。”

的事实承担举证责任。[1]

4. 交易验证码短信已到达持卡人预留手机的证据

银行应提供其支付系统向持卡人预留手机号发出验证码短信，且该短信已到达该预留手机号的证据，以证明银行在接受支付指令的过程中不存在过失。

5. 线上电子支付流程符合行业标准的证据

银行应根据持卡人发送的支付指令办理业务，对所有使用持卡人在银行设定的身份标识信息（包括账户号、卡号、电话或手机号码、客户名称、终端设备信息等），并按照持卡人在银行设定的身份认证方式（包括密码、数字证书、动态口令等）进行身份验证，以证明银行可以依照技术规范将操作视为持卡人本人所为，构成外观效力的有效抗辩。

6. 银行与第三方支付平台合作的证据

在涉及第三方支付平台的线上电子支付中，银行应提供其与第三方支付平台签署的合作协议、第三方支付公司的经营资质、安全评估等级证书等资料，以证明银行履行了对第三方支付平台安全性审查的义务。

7. 已实施防止损失扩大的证据

《中国银监会、中国人民银行关于加强银行与第三方支付机构合作业务管理的通知》的有关规定，银行应对持卡人的银行卡账户资金进行实时监控，并对持卡人通过第三方支付公司进行的交易建立监控机制，发现和处置异常行为、套现或欺诈事件，银行应对持卡人的账户异常、套现或欺诈事件等事实承担举证责任。据此，银行应对其未及时发现和处置异常行为所导致的存款损失部分承担举证责任。

8. 其他有关银行履行了安全保障义务的证据

如对于收到更改银行预留手机号码的申请时，银行已扩大审核范围，核实用户身份，充分进行了身份验证，以证明银行已尽商事主体的合理注意义务，防止他人利用持卡人的信息登录支付系统篡改用户预留手机号，截获交易验证码并实施侵权行为。

四、结语

在无纸化的线上电子支付案件中，证据的来源和收集具有多样性和复

---

〔1〕 参见盛勇强、柴洪峰主编《银行卡纠纷案例集》，北京：法律出版社，2015 年，第 97 页。

杂性,当事人充分举证对查明案件事实起着关键作用。虽然从案件类型看,线上电子支付案件属于一般民事纠纷案件,举证规则仍在民事诉讼证据制度的框架内运行,但线上电子支付模式不同于传统的支付模式,在分析民事诉讼的举证证明责任时,需要结合具体民事行为的特点,才能掌握好证明责任的尺度和边界,避免因感情用事而造成举证分配不公,导致裁判结果失当。

（初审:巢志雄）

司法精英与“计件工人”

——法官工作量的统计学模型测算

柯抗抗*

【提　要】 法官工作量这一问题直接关系到法官员额的测算、法官绩效评价和激励制度的完善，目前司法实践中普遍将办案量等同于法官工作量，但在法官的日常工作中除了完成审判工作之外，还有承担相当的非审判工作，即使是单纯统计法官的审判工作量，也不能简单地以办案量作为其工作量，因为不同案件类型，不同审理程序的案件其所耗费的法官工作量均有所差异。为了较为准确地计算法官工作量，本文以统计学当中建立测算模型、计算加权值的测算方式为研究方法，结合发放调查问卷、查阅档案、随机抽样等实证分析的方法，构建法官工作量的测算模型。

【关键词】 法官工作量　统计模型　加权值计算　随机抽样调查

引　言

随着司法改革在各地的推进，越来越多的地区已经完成了法官员额制度改革。司法改革的目的是提升法官的尊荣感，打造一支精英化的法官职业队伍。但在司法改革后出现了这样一种现象：片面强调法官办案的数量，并以此作为评价员额法官的标准。甚至在一些地区，出现了要求员额法官签署承诺书，承诺每年需要审结案件达到一定数量，否则将退出法官员额的情况，如果没有达到承诺数量，则计件扣除工资。诚然，司法改革后应该对

* 广东省珠海市斗门区人民法院法官。Email：mklrjilin@163.com。

员额法官的办案任务有所要求，这样才能实现让审判精英回归一线的改革目标，但是法官不是简单的“司法搬运工”，不是单纯以案件数量多少评优劣的“司法计件工人”，单纯地将办理案件数量等同于法官的工作量是不严谨也不科学的。为了能够更为准确地测算法官工作量，让法官成为真正的司法精英，而不是“司法计件工人”，同时也为科学设置法官员额和完善法官评价激励制度奠定基础，本文将以统计学中数量建模、加权运算的方法为研究手段，结合法社会学当中随机抽样调查方法，试图建立起法官工作量测算的数量模型。

一、建模思路及难点

（一）建模思路

1. 确保统计模型的真实性

真实性是对建立统计模型的一项基本要求，试想，如果构建出的统计模型与统计对象的实际情况完全相反，那么这样的统计模型不仅对解决实际问题完全无益，甚至会影响对统计对象的正确判断。因此，为了确保所建立的法官工作量测算模型的真实性，我们须深入法官的日常工作，做到如实反映法官工作的实际情况。

2. 力求统计模型的简单化

统计模型中所包含的变量越少，模型就相对简单，那么利用统计模型进行测算的准确性和有效性就越高。但是，能够影响法官工作量的因素很多，也就是说与我们所要建立的法官工作量的测算模型相关的变量很多。因此，我们需要在建模过程中寻求能够简化表达各个变量，降低模型复杂的方法。[1]

3. 建模的基本思路

确保测算模型的真实性和简单性，要求我们在建模过程中深入法官的日常工作当中，分析法官日常工作特点，并从中寻求建模的基本思路。

概括起来，法官的日常工作主要包括如下几个特点：首先，法官日常工作种类的多样化。法官日常工作并不单纯的仅包括审判工作，同时还包括

---

〔1〕 徐哲等：《应用统计学：经济与管理中的数据分析》，北京：清华大学出版社，2011年，第15—25页。

非审判工作。审判工作当中还包括程序性的辅助性工作和实体性工作。不同类别的法官工作具有各自的特点和数据分布特征，因此针对不同类别的法官工作需要采用相适应的统计和测算方法。其次，案件类型对法官工作量发挥基础性影响。一般来说，案件类型直接关系到法官工作量的多少，某些类型案件，法官无须经过实地考察、评估鉴定以及多次开庭等程序，而且法律文书的撰写难度也较低，例如：审理行政非诉案件的工作量一般远少于审理机动车交通事故责任纠纷类案件的工作量。因此，一些法院在统计法官工作量和制订法官考核标准的时候，会对一些工作量明显较少的案件进行折算。最后，工作频数与法官工作量呈正相关关系。所谓的工作频数，指的是某项工作出现在法官日常工作中出现的次数，无论是审判工作还是非审判工作，该项工作出现的次数越多，就说明法官在这项工作上花费的工作量越大。

基于以上的分析，本文在建立法官工作量的数量模型的过程中将案件类型、工作任务、工作次数以及工作复杂性作为核算法官工作量的因变量。具体来说，将案件类型设为T，将工作任务设为A，将工作频数设为F，将工作复杂程度设为C，那么法官工作量的数量模型可以初步的表示为：

$$f(W) = (T, A, F, C)$$

其中，案件类型（T）是该模型的基础变量，只有以案件类型为基础才能对进行审判工作量的测算和比较，而工作任务（A）、工作频数（F）以及案件复杂程度（C）为该模型的内生变量，对模型的测算结果有直接的影响。

（二）建模难点

在建立法官工作量测算的模型过程中，存在着以下几个方面的难点：

1. 案件复杂程度难以量化

在法官的实际工作当中，不同难易程度的案件对法官工作量的多少有非常直接的影响，对于那些复杂案件，法官可能需要多次实地调查、调查取证或者评估鉴定，而那些较为容易的案件，法官通过调解就可以结案，与复杂案件相比所耗费的工作量要少的多。以上不难看出，案件复杂程度可以用耗费时间来表示，但即使是同一类型的案件在耗费时间上也存在差异，比如同样是离婚案件，有的可能用10分钟就送达成功，而有的可能需要3个月的公告送达时间，如果简单地用单个案件的办理时间来表示案件复杂程度，则将偏离实际情况。

2. 数据提取和计算量较大

在构建出法官工作量的测算模型之后，本文将应用这一模型进行实际测算，这其中涉及大量的数据提取和计算工作。为此，一方面本文采用发放调查问卷、查阅档案等方式更为准确和科学地提取数据；另一方面，本文将采用一些测算技巧来减少数据运算量。例如法官工作量包括审判工作量和非审判工作量，如果对这两类工作均进行工作量的计算，那么数据提取量和计算量之大可想而知。为了简化工作，本文首先测算出样本法院的审判工作和非审判工作之间的比例，之后仅就审判工作量进行计算，最后根据比例推算出非审判工作量，以此达到简化计算量的目的。[1]

3. 所选调查样本的代表性

本文在构建出测算模型之后，将利用抽查调查所提取的数据对测算模型进行实际应用，那么如何确保调查样本的代表性，这就成为另外一个难点问题。本文在选取样本的过程中，首先选取了基层法院作为样本选择的范围，因为根据最高人民法院网站上的数据显示，全国的3117各基层人民法院承担了近80%的审判工作，而在全国法官人数当中，基层法院法官人数也占近77%的比例，可见无论是从审判工作所占比重来说，还是从法官人数所占比重来说，与中级法院和高级法院相比，基层法院均占优势，因此本文选取基层法院为研究样本，这样能够获取更为丰富的样本数据。在基层法院中，本文选取了G省Z市A基层法院作为研究样本，之所以选择A基层法院作为研究样本，是因为第一该法院涉及的案件类型较为全面，第二该法院的法官无论是在年龄分布，还是在学历分布方面，均较为平均，不存在样本数据过于集中的情况，能够为抽样调查提供较好的条件。样本法院法官基本情况分布图如下：

样本法院法官基本情况分布表

性别		学历		从事审判工作年限	
男	女	本科及以下	硕士及以上	5年以下	5年以上
19	11	16	14	12	18

[1] [荷]菲利普·汉斯·弗朗西斯：《计量经济学入门》，彭立志译，上海：上海财经大学出版社，2005年，第120—130页。

二、法官工作量模型的要素分析

法官工作量模型的变量包括一个基础变量和三个内在变量，接下来，本文将对这四个构成要素进行逐一分析。

（一）案件类型

诚如前文所述，案件类型作为测算工作量的基础变量，不仅是对比不同类型案件之间工作量区别的基础，同时也是初步估算法官工作量的基础，例如当破产案件与离婚案件相比较之时，从案件类型我们就可以初步估计到办理破产案件的工作量要大于办理离婚案件的工作量。虽然这只是初步的估算，但作为基础变量，案件类型是我们构建法官工作量模型的一个要素。

（二）工作任务

在分析工作任务这一变量的过程中，本文将工作任务区分为审判工作和非审判工作两类，以此全面测算法官的工作任务量。

1. 审判工作

从案件审理流程上来看无论是刑事案件还是民事案件，完整的审理流程包括：立案阶段、庭前准备阶段、审理阶段、判后阶段、执行阶段和信访阶段。为了准确统计各个办理阶段的审判工作，本文将从各个阶段的审判工作所耗费的时间着手，通过调查取样、观看庭审录像，对审判工作的阶段任务量进行精细化统计和计算。

2. 非审判工作

在法官的日常工作中，除了审判工作，法官还肩负大量的非审判工作，其中一部分是与审判工作关系较为紧密的任务，例如学习培训、论文撰写等，另一部分是与审判工作关系不紧密的任务，例如社会普法、扶贫帮扶等活动。

（三）工作频数

工作频数指的是某项工作出现的次数，在法官的日常工作中，某项工作出现的次数越多，则该项工作的频数越高，相应的也就说明该法官需要更多的进行这项工作，承担了更多的工作量。可见，工作频数对法官的工作量大小有直接影响。本文将从审判工作和非审判工作两个角度去分析工作频数。

1. 审判工作频数的计算

假设在某类案件中审判工作A分别出现($t_1,t_2,t_3,\ldots t_{n-1},t_n$)次,那么审判工作W的工作频数公式为:

$$F_n(A)=t_1+t_2+t_3+\ldots+t_{n-1}+t_n$$

例如,在某一交通事故案件当中,因当事人提出伤残等级鉴定,该案需要待鉴定结果作出后重新开庭,庭审这一审判工作就在这类案件的办理过程中多次出现,而将其出现的次数相加就得出庭审工作的频数。

2. 非审判工作频数的计算

与审判工作频数的计算不同,非审判工作当中包括材料撰写、社区服务以及扶贫帮扶等随机出现的工作任务,对于这一类型的工作任务如果采用简单叠加的方法计算,将无法科学统计其频数,因此本文在计算非审判工作频数的过程中采用计算频率的方法。

假设某一非审判工作为U,在统计周期x内出现了y次,那么非审判工作U出现频率的计算方法为:

$$Fx(U)=y/x$$

与审判工作频数相类似,当某一非审判工作的频数越大,也就意味着法官更多地完成该工作,在该工作上耗费的时间和工作量越大。

(四)工作复杂性

关于工作复杂性的测算方式,笔者已经在前文中阐明,将通过计算某一工作所耗费的时间的方式进行测算,在测算过程中同样需要区分审判工作和非审判工作。

1. 审判工作的复杂性测算

首先,我们将法官的工作时间设为T,将审判工作时间设为t_1,将非审判工作时间设为t_2,显然$t_2=T-t_1$。

接着,我们不妨假设在某类案件中存在若干个审判工作,提取出其中某一单一审判工作的纵耗时(称为Ta),此后提取出该审判工作出现的频数(称为P),从而计算出该项审判工作的平均用时(称为AT),以公式表示如下:

$$f(AT)=Ta/P$$

以上通过三次数据提取，我们可以将审判工作的复杂性用平均用时的方式表示出来。

2. 非审判工作的复杂性计算

对于非审判工作的复杂性，我们可以同样假设法官需要办理 n 项非审判工作，设为($x_1, x_2, x_3 \ldots x_{n-1}, x_n$)，并统计出某一项非审判工作的总耗时（称为 Tb），再计算出该项非审判工作出现的频数（称为 M），从而计算出该项非审判工作的平均用时（称为 BT），以公式表示如下：

$$f(BT) = Tb/M$$

三、法官工作量模型的建模过程

（一）各个变量对模型构成的作用

已知法官工作量的模型当中包括四个变量：案件类型、工作任务、工作频数和工作复杂性，这四个变量对构成模型发挥着不同的作用。

1. 案件类型——数据测算对比的框架

作为基础变量，案件类型是我们进行法官工作量计算和比较的框架基础。这里所指的案件类型与法院内部的审判业务部门划分基本一致，目前法院内部大多以庭室为单位区分了不同的审判业务部门，一般包括刑事案件审判庭、民事案件审判庭和商事案件审判庭。不同类型案件的审判工作具有不同的特点，例如：刑事案件审理中很少出现诉讼保全这一审判工作，而民商事案件审理中则很少出现强制措施这一审判工作。因此案件类型直接影响着工作任务、工作频数和工作复杂性这三个变量。本文以这种案件类型划分作为基础变量，在进行数据提取计算和比较的过程中，均在同一业务部门范围内进行，以此确保数据计算和比较的准确性。

2. 工作任务——数据提取的线索

在对工作任务这一变量进行分析的过程中，笔者对工作任务进行内部区分，包括审判工作任务和非审判工作任务。这种分析思路贯彻于工作频数和工作复杂性的分析当中，无论是计算工作频数还是工作复杂性，均需要在对工作任务进行区分的基础上进行，因为不同类型的工作任务具有不同的特点，这些不同的特点决定了在工作频数和工作复杂性的计算上应该采用不同的方法。此外，在进行数据提取的过程中，需要对工作任务进行阶段划分，并以此作为数据提取的节点。

3. 工作频数和工作复杂性——模型构成及运算的要素

如前文所述，笔者将从工作用时的角度统计工作复杂性。不难发现当我们用工作平均用时来表示工作复杂性，就可能面临这样一个问题，每个单一工作出现的频数是不均衡的，相应的在工作总量当中每个单一工作所占的比重也不同，如果仅依据平均用时来统计工作复杂性就忽略了比重在统计测算中的影响。以审判工作为例，我们假设在10件机动车交通事故责任纠纷案件当中有3件进行了伤残鉴定，合计用时20天，如果采用平均数的计算方式，那么我们将会得出每一件机动车交通事故责任纠纷案件在伤残鉴定这一工作上耗时2天的结论。但实际上有7件案件根本没有进行这一工作。可见某一审判工作的次数分布并不均衡，并且次数在统计过程中发挥着权衡轻重的作用，在这种情况下需要进行权值计算。我们应该采用加权计算的方法，计算出各项工作用时的加权值，从而累加出法官工作量加权值。运用加权计算方法，首先要确定权数。所谓的权数指的就是在统计过程中，对各个变量具有权衡轻重作用的数值，在本文的统计当中，用工作用时表示工作复杂性这一变量，那么对工作用时具有权衡轻重作用的数值就是该项工作的工作频数。

综上，通过对变量的分析和转换，实际上我们建构法官工作量测算模型的思路已经非常清晰，案件类型作为基础变量，提供数据测算和对比的框架，工作任务作为因变量，提供提取数据的思路和线索，工作频数与工作复杂性作为因变量，用于变量之间的运算最终得出法官工作量的测算结果。通过将工作复杂性转化为工作用时，本文最终构建的法官工作量模型的测算结果是对工作频数和工作用时的加权计算得出的法官工作用时加权值。建模思路图详见下图：

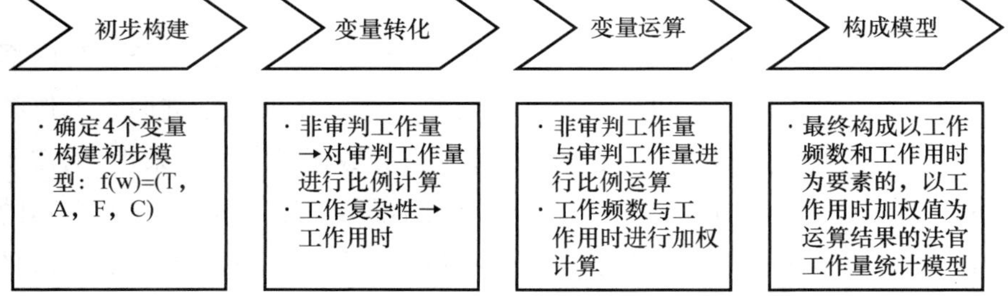

法官工作量统计模型构建思路图

（二）计算单一审判工作权值

我们首先将测算对象假设为某一类型案件当中的某一审判工作 a，并统计出该审判工作的总用时，即 Ta，同时统计出该审判工作出现的频数 P，N 件该类型案件中所有审判工作的总频数为 Z，从而测算出该单一审判工作的权数，即工作频数，设为 AF：

$$f(AF) = P/Z$$

AF 即为对审判工作 a 的工作用时进行加权计算的权数，设审判工作 a 的加权值为 TV，则其计算函数如下：

$$f(TV) = Ta \times AF$$

以上我们通过计算审判工作 a 的权数 AF，进而得出该某一类型案件审判工作加权值的计算公式。

（三）计算某一类型案件审判工作权值

某一案件是由若干个单一的审判工作组成的，每一个单一审判工作权值相加即称为案件权值，设案件权值为 CV，某类型案件当中共 N 项审判工作，其计算函数如下：

$$F_n(CV) = (Ta_1 \times AF_1 + Ta_2 \times AF_2 + \ldots + Ta_n \times AF_n)$$

上述函数模型可以简化为：

$$f_n(cv) = \sum_{i=1}^{n} Ta_i \times AF_i$$

（四）计算法官非审判工作权值进而加总法官工作量

计算出法官类型案件的审判工作加权值后通过比例运算计算出法官的非审判工作加权值，两项加总得出法官的工作总量。设法官的工作总量为 W，审判工作量与非审判工作量在法官工作总量当中所占比例为 a ∶ b，法官审判工作权值为 CV，法官的非审判工作权值为 CY，二者之间的关系为：

$$CY = \frac{b}{a}CV$$

$$f_n(W) = CV + \frac{b}{a}CV = (1 + \frac{b}{a}) f_n(cv) = \sum_{i=1}^{n} Ta_i \times AF_i$$

四、法官工作量模型的实际应用

在构建出法官工作量的测算模型后，为了验证该模型的准确性和可行性，接下来我们将与实际数据相结合，对测算模型进行实际应用。在司法实践当中，与法官工作量模型联系最为紧密的问题就是对法官员额的测算和法官工作效率的测算，本文将从这两个角度出发，对法官工作量测算模型进行实际的应用。

（一）模型数据的收集方法

为确保收集数据的准确性和客观性，本文在对模型数据进行收集的过程中采用了以下几种数据收集方法：

1. 档案调查法

为准确统计审判工作各节点的用时，笔者在数据收集的过程中采用了档案调查方法，通过翻阅档案，计算节点时间的方式，统计出法官在各阶段完成各个审判工作的用时。虽然这一方法能够较为直观准确地采集数据，但也存在一个弊端，一些审判工作的用时无法在档案当中体现，例如庭前调解、庭审时长等都是无法从档案当中提取数据的。

2. 调查表法

为了弥补档案调查法的缺陷，同时也为了更直接地获取数据，笔者制作并发放了调查表，在调查表的制作过程中笔者坚持简化填写内容，准确收集数据的准则，尽量制作出高效简便的调查表。具体来说，调查表中对审判工作和非审判工作进行了区分，在审判工作当中又根据法官的日常审判工作进行了细化，列举了常见的审判工作，包括送达材料、诉讼保全、接待当事人、评估鉴定等，在非审判工作当中也相应地列举了学习培训、材料撰写和参加会议等。同时，为了防止在法官的实际工作当中还存在未被列举的工作内容，调查表中还设计了其他自行填写的部分，法官填写实际工作名称和用时即可。为了减轻法官填写调查表的负担，法官只需要写明对应案件的案号，并在相应审判工作处标明用时即可。[1]

---

〔1〕 屈向东：《以案定编与法官员额的模型测算》，《现代法学》2016年第3期，第160页。

3. 观看庭审录像

庭审工作是审判工作当中的重要环节,这一项工作的耗时是很难从档案材料当中统计出来,如果仅仅依靠法官填写调查表,也可能出现数据上的偏差,为此在收集数据的过程中,笔者观看了相应案件的庭审录像,计算出庭审时间,以此作为测算的依据。

(二)模型数据的基本分析

1. 调查对象的选取

在确定了数据收集方法之后,笔者采取随机抽样的方法,选取了调查对象。调查对象来自 G 省 Z 市 A 区基层法院,根据不同年龄层和不同的审判专业随机抽取了 30 名法官作为调查对象。为了确保数据提取的代表性和准确性,笔者对以上 30 名调查对象进行了为期 20 天的数据追踪,并做了模型数据的基本分析。

2. 模型数据的基本分析

在为期 20 天的统计周期当中,30 名法官完成审判工作与非审判工作的总用时为 229463 分钟,其中完成审判工作的总用时为 206517 分钟,完成非审判工作的总用时为 22946 分钟,审判工作与非审判工作的比例约为 9 : 1。其中审判工作用时的具体分布情况详见下表:

审判工作用时分布表(单位:分钟)

审判工作	刑庭	民一庭	民二庭	民三庭	立案庭	法庭	行政庭	任务总计
诉前保全	0	0	0	0	490	0	0	490
立案审查	0	0	0	0	1250	0	0	1250
送达文书	225	1850	1350	1270	0	0	370	5065
信息录入	570	1890	1130	820	760	310	470	5950
诉讼保全	0	1217	970	553	0	130	0	2870
先予执行	0	0	0	0	0	0	0	0
接待谈话	1030	5336	1685	1675	1145	1957	1185	14013
评估鉴定	0	1007	870	1970	0	320	0	4167
调查勘验	1060	2330	515	1530	0	920	0	6355
庭前调解	585	4728	1155	985	985	680	0	9118
庭前准备	4280	4768	1990	1215	173	1823	1190	15439
证据交换	0	270	90	140	0	123	0	623
对外协调	465	362	190	430	113	129	1300	2989

续表

审判工作	刑庭	民一庭	民二庭	民三庭	立案庭	法庭	行政庭	任务总计
开庭审理	6750	8324	6686	8820	530	2530	1740	35380
请示汇报	475	680	328	353	259	138	261	2494
庭后调解	610	1475	337	725	126	536	0	3809
强制措施	720	0	0	0	0	0	0	720
撰写文书	18185	20478	9783	20335	880	7063	4550	81274
合议庭评议	645	760	330	560	116	397	356	3164
结案事项	428	680	360	539	160	276	339	2782
判后答疑	670	1025	731	870	576	498	109	4479
信访接待	0	0	0	0	1643	0	0	1643
突发事件	30	63	27	45	190	0	0	355
其他	1270	271	132	268	80	67	0	2088
合计	37998	57514	28659	43103	9476	17897	11870	206517

综合以上统计图表,在审判工作当中所占比重最大的前7位审判工作分别为:撰写文书(39%)、开庭审理(17%)、庭前准备(7%)、接待谈话(7%)、庭前调解(4%)、调查勘验(3%)、信息录入(3%),其中除撰写文书和开庭审理这两项工作必须由法官主要负责外,其他比重较大的工作均可考虑由法官助理完成,可见司法改革后如果能够充分发挥法官助理的作用,将法官从大量的程序性事务当中解脱出来,那么法官的审判工作负担将会减少很多。

非审判工作比例图的具体数据分布如下图:

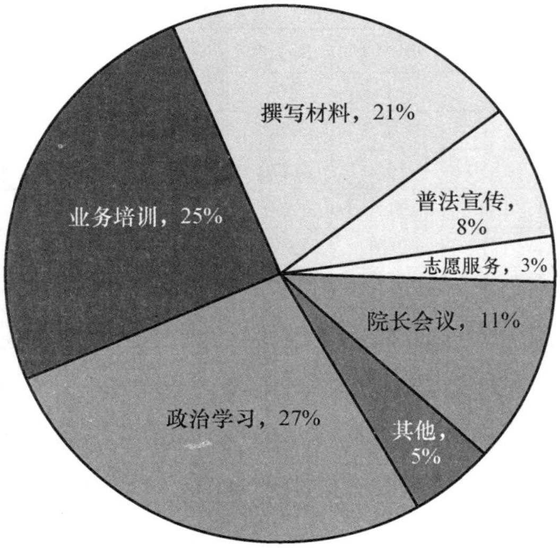

非审判工作比例图

通过上述比例图不难发现，在非审判工作当中占据比重较大的为政治学习（27%）、业务培训（25%）、撰写材料（21%）和院长会议（11%）。政治学习工作的主要目的是保证法官的思想方向正确，业务培训则与审判工作更为紧密，能够提升法官业务水平，提升法官队伍的专业素养，撰写材料主要指的是法官要撰写调研材料、案例材料以及庭室内部的行政性材料，其中调研材料和案例材料等是对法官审判工作的总结和提升，因此也是重要的非审判工作内容。[1]

除以上三种对审判工作有积极影响的非审判工作以外，院庭会议也在非审判工作当中占据了较大比重，为了减少法官的工作负担，应尽量减少开长会、常开会的现象，多利用微信、手机短信等现代化的通讯方式进行任务传达和落实。

（三）工作量模型的具体应用——法官员额的测算

在建立起法官工作量模型之后，并完成抽样数据的提取和统计之后，笔者将把工作量模型应用于实际问题当中，以工作量模型为测算工具，对法官员额进行测算，以此验证工作量模型的可行性和准确性。从目前各个法院的时间情况来说，在法官内部一般都按照不同的审判领域划分各个庭室，以庭室为单位审理相应的类型案件，因此在对法官员额进行测算的过程中，我们可以首先从某一庭室入手，以此类推完成全院法官员额数的测算。接下来，笔者将以样本法院民事审判第一庭的数据为例进行测算。

首先，计算各项审判工作的权数，进而计算民事审判第一庭的审判工作权值，详见下表：

民事审判第一庭审判工作权值表

工作名称	审判工作用时（单位：分钟）	工作频数（权数）	工作用时加权值（单位：分钟）
送达文书	1850	0. 003	5. 55
信息录入	1890	0. 007	13. 23
诉讼保全	1217	0. 008	9. 736
先予执行	0	0	0
接待谈话	5336	0. 009	48. 024

---

〔1〕 何帆：《法官多少才够用》，载《人民法院报》2013 年 6 月 7 日，第 5 版。

续表

工作名称	审判工作用时（单位：分钟）	工作频数（权数）	工作用时加权值（单位：分钟）
评估鉴定	1007	0.012	12.084
调查勘验	2330	0.02	46.6
庭前调解	4728	0.003	14.184
庭前准备	4768	0.005	23.84
证据交换	270	0.015	4.05
对外协调	362	0.013	4.706
开庭审理	8324	0.66	5493.84
请示汇报	680	0.019	12.92
庭后调解	1475	0.01	14.75
强制措施	0	0	0
撰写文书	20478	2.87	58771.86
合议庭评议	760	0.005	3.8
结案事项	680	0.005	3.4
判后答疑	1025	0.027	27.675
信访接待	0	0	0
突发事件	63	0.114	7.182
其他	271	0.001	0.271
合计			645170.3

根据对样本法院基本数据分析得出的结论，即审判工作与非审判工作之间的比例约为9∶1，将数据带入本文构建的法官工作量测算模型中：

$$f_n(W) = CV + \frac{b}{a}CV = (1 + \frac{b}{a}) f_n(cv) = \sum_{i=1}^{n} Ta_i \times AF_i$$

已知 CV =645170.3（m），则样本法院民事审判第一庭在20天统计周期内的工作总量为：

$$f(W) = (1 + \frac{1}{9}) \times 645170.3 = 716855.9(m)$$

最后扣除每位法官午休1小时的时间，每位法官每天有效的工作时间为7小时，全年工作时间为105420（m），则根据该庭的工作总量，可得出需要法官的人数为[1]：

$$716855.9(m) \div 105420(m) \approx 6.8 \text{ 人}$$

〔1〕屈向东：《以案定编与法官员额的模型测算》，《现代法学》2016年第3期，第160页。

（四）工作量模型的具体应用——法官审判工作效率的测算

假设法官的工作效率为Y，则其测算公示可以表示为：

审判工作效率（Y）=法官审判工作权值（CV）/案件数（n）

我们首先通过根据工作量模型，测算出样本法院民事审判第一庭两位法官的审判工作权值（CV），再分别处以两位法官的办理案件数后得出两位法官在处理单位案件的过程中所耗费的工作量，耗费工作量越少的法官，其工作效率越高。详细的模型测算步骤如下：

首先，我们从统计样本当中抽取出两位法官在20天统计周期当中各项审判工作用时以及权数，并测算出工作用时的加权值，详见下表：

法官A审判工作用时加权值计算表

工作名称	审判工作用时（单位：分钟）	工作频数（权数）	工作用时加权值（单位：分钟）
送达文书	129	0.045	5.805
信息录入	139	0.017	2.363
诉讼保全	407	0.008	3.256
先予执行	0	0	0
接待谈话	520	0.081	42.12
评估鉴定	93	0.012	1.116
调查勘验	210	0.013	2.73
庭前调解	329	0.003	0.987
庭前准备	533	0.022	11.726
证据交换	83	0.015	1.245
对外协调	139	0.013	1.807
开庭审理	730	0.28	204.4
请示汇报	50	0.019	0.95
庭后调解	135	0.01	1.35
强制措施	0	0	0
撰写文书	760	0.35	266
合议庭评议	93	0.005	0.465
结案事项	85	0.005	0.425
判后答疑	135	0.027	3.645
信访接待	0	0	0
突发事件	39	0.074	2.886
其他	27	0.001	0.027
合计			553.303

法官 B 审判工作用时加权值计算表

工作名称	审判工作用时（单位：分钟）	工作频数（权数）	工作用时加权值（单位：分钟）
送达文书	73	0.019	1.387
信息录入	62	0.017	1.054
诉讼保全	213	0.026	5.538
先予执行	0	0	0
接待谈话	392	0.031	12.152
评估鉴定	109	0.018	1.962
调查勘验	189	0.017	3.213
庭前调解	284	0.002	0.568
庭前准备	467	0.003	1.401
证据交换	43	0.001	0.043
对外协调	97	0.002	0.194
开庭审理	867	0.31	268.77
请示汇报	37	0.001	0.037
庭后调解	362	0.02	7.24
强制措施	0	0	0
撰写文书	829	0.46	381.34
合议庭评议	74	0.012	0.888
结案事项	34	0.003	0.102
判后答疑	115	0.026	2.99
信访接待	0	0	0
突发事件	26	0.031	0.806
其他	19	0.001	0.019
合计			689.704

在计算出两位法官的审判工作权数后，提取出该两位法官在统计周期内的办理案件数，法官 A 的办理案件数为 53 件，法官 B 的办理案件数为 71 件，则根据法官审判工作效率计算函数可知：

$$Y_a = 553.303(m)/53 = 10.44(m)$$

$$Y_b = 689.704(m)/71 = 9.85(m)$$

以上计算可知，法官 A 办理单位案件所用时间为 10.44 分钟，法官 B 办理单位案件所用时间为 9.85 分钟，法官 B 办理单位案件所用时间少于法官

A 办理单位案件所用时间，则法官 B 的审判工作效率更高。从法官 B 的审判工作用时加权值计算表中可以看出，法官 B 在程序性、辅助性工作上耗费的时间在总时间当中所占的比例较小，仅占审判工作总用时的 56%，但是法官 A 在程序性、辅助性工作上耗费的时间比例则为 63%。从样本实际情况来说，法官 A 与法官 B 暂时都未配备法官助理，但是法官 B 在与书记员的分工上更为明确，书记员承担了更多的辅助性和程序性工作，提高了法官 B 的审判工作效率。

五、结语

本文尝试对法官工作量这一核心概念进行统计学的建模测算，并将这一模型进行实践应用。可以说法官工作量的测算模型不仅能够应用于法官员额数测算、法官效率的测算等，同时还可以用于比较不同构成的审判团队之间的效率高低、制定法官考核指标，等等。此外，随着司法改革的逐步完善，随着司法辅助人员队伍建设的逐步规范，我们还可以构建出法官助理工作量模型、书记员工作量模型等，进而构建出审判团队工作量模型，以此从经济学、统计学的角度，以量化的方式为优化审判资源设置，提高审执工作效率提供借鉴。但是，我们也应该看到建立测算模型这一研究方法也存在不足，最突出的问题就是数据提取和测算的工作量和难度都很大，为此我们应该更为深入地进行交叉学科研究，积极利用经济学、统计学等研究方法，寻求更为简便有效的研究方法。

附：法官工作量问卷调查表

表 1：审判工作用时调查表

审判工作	刑庭	民一庭	民二庭	民三庭	立案庭	法庭	行政庭
诉前保全							
立案审查							
送达文书							
信息录入							
诉讼保全							
先予执行							

续表

审判工作	刑庭	民一庭	民二庭	民三庭	立案庭	法庭	行政庭
接待谈话							
评估鉴定							
调查勘验							
庭前调解							
庭前准备							
证据交换							
对外协调							
开庭审理							
请示汇报							
庭后调解							
强制措施							
撰写文书							
合议庭评议							
结案事项							
判后答疑							
信访接待							
突发事件							
其他							

表2:非审判工作用时调查表

非审判工作	刑庭	民一庭	民二庭	民三庭	立案庭	法庭	行政庭
政治学习							
业务培训							
撰写材料							
普法宣传							
志愿服务							
院庭会议							
其他							

（初审：丁建峰）

审判工作量何以最优：民事审判单元的“帕累托效率”

——以C市基层法院为例

洪泉寿*

【提　要】　审判性工作可以按其功能划分为审判裁断性工作及审判事务性工作。其中，审判事务性工作可进一步细化为司法技术性事务和纯事务性工作。从民事案件审判流程来看，可细分为送达（阅卷）、诉中保全、调解、庭前准备、庭审、合议定案、裁判文书拟定与制作、卷宗归档等节点。因此，本文根据各个节点所需用时，在固定工作时间、固定个案耗时的基础上，通过数据运算测算得出司法改革后民事法官合理案件工作量为210件。基于合理的审判裁判性工作量的计算，按照民事员额法官数额＝年均民事案件量÷审判裁断性工作量公式测算出民事员额法官值。但要达至审判质效上的“帕累托效率”，就应当以合理分工、提升辅助人员数量作为基本要件。

【关键词】　审判工作量　案件量　员额数　帕累托效率　基层法院

如何确定各个法院民事员额法官数量及如何设置民事审判单元是此次民事审判机制改革的两个核心问题。当前，无论是理论界还是实务界均尝试着通过数学建模方式建构起一套科学的民事员额法官值测算公式及民事审判单元结构，但由于各个法院民事审判工作主客观因素存在差异，致使学者们的这一尝试至今仍停留在理论探索层面。鉴于此，本文以C市基层法院为样本，试图以客观真实的数据来构筑符合法院特性的民事审判模式来

---

* 广东省湛江市中级人民法院研究室科员。Email：hongquanshou702@126.com。

化解当前人案矛盾及审判质效不高的问题。

一、审判裁断性工作及审判事务性工作的合理时间测算——确定民事员额法官占比的前提

(一)审判性工作的功能划分及影响民事法官办案数量的要素

1. 审判性工作的功能划分

裁量和判断实质上是审判权最基本的要素,因而审判性工作可按其功能划分为审判裁断性工作及审判事务性工作。其中,审判裁断性工作彰显了审判权所兼具的决策权和判断权特性,它主要由事实认定、法律适用、案件裁判三部分内容构成。也即在审理民事案件中,具有个案裁判特性的审判工作应当由员额法官独立实施或当场实施,其他人员不能越俎代庖。

而审判事务性工作,因其仅为纯粹性程序操作或重复性流程掌控,并未兼具独立裁判特性等硬性要求,对具体实施者是否有较高法学专业素养、裁断能力水平并不甚严格,因而可由书记员、法官助理或司法技术等辅助人员独自完成或亲自主持。

从民事案件审判流程来看,可细分为送达(阅卷)、诉中保全、调解、庭前准备、庭审、合议定案、裁判文书拟订与制作、卷宗归档等节点。依据各节点的特征,可判定庭审、案件合议、制作裁判文书这三项流程属于审判裁断性工作,应由民事法官独立完成。而剩余流程应属于审判事务性工作,它们可划分为两种类型:(1)司法技术性事务,由阅卷、庭前调查、拟定裁判文书等环节构成,这类工作必须具备一定的法律专业知识及指挥技能,且在处理思路上必须与民事法官的审理思路相互衔接,因而该类流程应当由具有扎实的法律基础及丰富的司法阅历的法官助理来担负;(2)纯事务性工作,由送达、庭审、卷宗归档等环节构成,该类工作虽需要一定专业要求,但交由受过法学教育、有相应处理能力的书记员来担负是足以胜任的。当审判事务性工作均交由书记员、法官助理、司法技术等人员实施时,就可以明确细化民事法官同书记员、法官助理、司法技术人员、司法警察等人员间的职能配置,从而使民事法官可以从琐碎的辅助工作中脱离开来,全身心投入审判裁断性工作中。

2. 影响审判裁断性工作效率的要素

民事法官工作量是多少才属于最优?这必须综合分析引致民事法官办

案效率下降的诸多主客观要素。司法实践中，引致民事法官工作量降低的原因较多，比如个体案件量、案件处理复杂程度、后勤服务质量等客观因素，及司法能力强弱、身体健康状况、个体对工作的专注程度、当事人的应诉能力、民事法官与辅助人员职能分工情况及配置是否合理等主观因素。客观原因能够借助量化分析进行计算，但主观因子却无法通过量化分析来计算，仅能以问卷调查等方式获得感观层面的结论。

（二）民事法官合理工作量的量化分析

本文以C市10个基层法院的50位一线民事法官〔1〕工作量为研究对象，对每个民事案件各流程时耗进行量化调查分析。

1. 前提条件之一：固定的工作时间

为保证分析数据来源的客观真实性，我们以2016年1月1日至2016年12月31日为一个统计周期，排除正常休息日及法定节假日，可以得出法官的法定工作时间为250天（366天－116天）；每天法定工作时间为8小时，但排除每日正常的合理耗时，我们应以每天7小时测算民事法官工作量，同时，考虑到民事法官每年应当享有至少5天的法定年休权利，我们可据此测算出民事法官一年标准的工作时间为1690小时。此外，除上述标准工作时间外，虑及民事法官还需要参与各类会议、培训、出差、参与合议庭案件等，为确保民事法官年均合理工作量最大限度接近客观真实，极有必要将这些时耗排除出去。根据笔者对50名一线民事法官访谈记录，可测算出民事法官每年的非审判工作时间为323小时。因此，民事法官一年的合理办案时间为1367小时。

表一：一线民事法官参加会议等非主办案件时间（单位：小时）〔2〕

访谈法官量	活动	会议	培训	出差	参加合议庭案件	合计
1	23	128	35	42	248	476
…	…	…	…	…	…	…
50	7	53	21	3	179	263
平均值	14.58	64.4	29.62	16.61	198.4	323.61

〔1〕 从C市每个基层法院选取5名民事法官，综合考虑年龄、学历、性别比例及不同人群审判技能的差异、经验对审判时间的参与度等因素，35周岁以下的占48%，本科以下的占60%，男性法官占56%。

〔2〕 数据为近三年的均值。

2. 前提条件之二：固定的个案时耗

根据民诉法规定，我们可将民事审理阶段划分为送达、财产保全、调解、处理当事人来电、来访、庭前准备、庭审、合议庭合议、裁判文书制作、判后答疑、卷宗归档等环节，并通过问卷访谈、庭审视频分析来测算民事个案平均时耗。

表二：单个民事案件处理流程及时耗〔1〕

序号	环节	出现次数或频率	简易程序案件平均时耗	普通程序案件平均时耗
T1	送达	94.76%1次 5.24%2次	0.47	1.13
T2	诉中保全	2.76%1次 9.39%2次	1.35	1.35
T3	处理当事人来电、来访	1	0.82	1
T4	证据交换	1	0.22	0.35
T5	勘验、证据调查、委托鉴定	1	2.5	4
T6	阅卷	1	0.5	2.5
T7	庭审	80.96%1次 19.04%2次以上	0.78	2.7
T8	组织调解	48.63%	0.62	0.77
T9	调解、撤诉及其文书制作	56.75%	0.5	0.5
T10	案件合议	1	0.58	3.16
T11	拟写、校对裁判文书	44.25%	1	6.8
T12	裁判文书审阅	1	1.2	2.5
T13	判后答疑	7.57%	0.5	1
T14	卷宗归档	1	0.95	1.5

从表二相关数据可推知，个别节点存在百分比频率的，必须用案件审理平均时耗乘以百分比，才可得出该节点需要的平均时耗；而各节点平均时耗相加便可测算出民事法官审判性工作的平均时耗，审判裁断性工作平均时耗相加

〔1〕 数据源于50名民事法官访谈记录，但对系列案件及起诉后自动撤诉的案件影响因素不予考虑。

便可测算出个案审判裁判性工作的平均时耗,审判事务性工作平均时耗相加便可测算出个案审判事务性工作的平均时耗。具体测算公式如下:

个案审理平均时耗:

简易程序审判性工作平均时耗 = T1 + T2 + T3 + T4 + T5 + T6 + T7 + T8 + T9 + T10 + T11 + T12 + T13 + T14 = 9.36 小时

普通程序审判性工作平均时耗 = T1 + T2 + T3 + T4 + T5 + T6 + T7 + T8 + T9 + T10 + T11 + T12 + T13 + T14 = 22.85 小时

当前民事法官个案审判的平均时耗:

简易程序平均时耗 = T2 + T5 + T6 + T7 + T8 + T10 + T11 + T12 + T13 = 6.62 小时

普通程序平均时耗 = T2 + T5 + T6 + T7 + T8 + T10 + T11 + T12 + T13 = 18.59 小时

当前个案事务性工作平均时耗:

简易程序平均时耗 = T1 + T3 + T4 + T7 + T9 + T14 = 3.52 小时

普通程序平均时耗 = T1 + T3 + T4 + T7 + T9 + T14 = 6.96 小时

合理的个案审判裁断性工作平均时耗:

简易程序平均时耗 = T6 + T7 + T8 + T10 + T12 + T13 = 3.39 小时

普通程序平均时耗 = T6 + T7 + T8 + T10 + T12 + T13 = 11.3 小时

合理的个案审判事务性工作平均时耗:

简易程序平均时耗 = T1 + T2 + T3 + T4 + T5 + T7 + T8 + T9 + T11 + T14 = 7.05 小时

普通程序平均时耗 = T1 + T2 + T3 + T4 + T5 + T7 + T8 + T9 + T11 + T14 = 14.62 小时

合理的个案司法技术性工作平均时耗:

简易程序平均时耗 = T2 + T3 + T5 + T8 + T9 + T11 = 4.63 小时

普通程序平均时耗 = T2 + T3 + T5 + T8 + T9 + T11 = 8.94 小时

合理的个案纯事务性工作平均时耗:

简易程序平均时耗 = T1 + T4 + T7 + T14 = 2.42 小时

普通程序平均时耗 = T1 + T4 + T7 + T14 = 5.68 小时

2016 年,C 市 10 个基层法院适用普通程序的民事案件占比为 38.37%,据此可测算出改革前民事法官个案平均时耗为 11.2 小时;而改革后,员额法官办理合理的民事个案裁判性工作平均时耗为 6.43 小时,此外,合理的个案事务性工作平均时耗为9.95小时,合理的审判事务性工作平均时耗与合理的审判裁判性工作平均时耗比约为1.54∶1。这意味着在当前的审判单元设置情形下,必须逐步增加与民事法官员额相互匹配的审判事务性工作人员。

3. 合理工作量的计算

依据"法官合理的审理时耗÷个案审理平均时耗=法官办案数额"或"法官合理的审理时耗÷个案审判裁断性工作平均时耗=法官审判裁判性工作量"这两种测量公式,可测算出改革前民事法官办案量为122件(1367小时÷11.2小时)及改革后审判案件量为212件(1367小时÷6.63小时)。

4. 法官意愿与计算结论的比较

在对50名一线民事法官访谈调查时,提问根据个人能力及客观实际估算个人年均可能办理案件数值,及在未进行加班前提下年均可审理最高限额的案件数值。从访谈数据可以看出,受访的法官年均意愿办理案件数值为168件,可办的最高限额案件数值年均为325件。尽管民事法官意愿办理案件数值低于合理工作量,但其最高限额的案件数均值已远超合理工作量,而这主要是他们挤占出非工作时间来办理大量案件。

(三)超越合理审理工作量的现状分析

1. 不合理工作量的现状

非常规的工作量已成为民事法官司空见惯的怪状,特别是经济优越地区的中基层法院民事法官。诚然,一线民事法官一直以来犹如高度旋转的陀螺般处于紧张的非正常工作状态之中,"白加黑、五加二"是常态,部分民事法官甚至携带案件回家拟写裁判文书;为在审限内审结案件主动放弃休年假权利,有时即便是病痛,如果不是必须住院均按时上班。尤其是年终清案阶段,部分基层法院民事法官不被批准休假,周末必须集体加班。此外,平常基本缺乏参加培训、学习的时间。正因为经年累月处于高负荷、高强度且缺乏正常休息的环境下工作,致使民事法官们不堪疲惫,部分民事法官甚至长期带病工作。如此沉重的工作负荷,定然使民事法官在个案有效时间分配上捉襟见肘,这反过来也对案件处理的质效产生巨大影响。

2. 反思现状

当前,民事法官工作负荷超出合理案件量的根本原因主要为:其一,民事案件急剧增长与民事法官员额不成比例,特别是立案登记制改革实施后,越来越多的民事案件进入司法审判程序,而民事法官员额并没有出现实质性增长,反而由于诸多因素引致调岗、辞职潮的发生而不断缩减。其二,一线民事法官员额偏少,致使民事审判资源严重匮乏。比如,C 市 E 区法院一线民事法官 19 名,仅占全院 77 名法官的 24%,却要审理占全院 68% 的案件量。其三,民事审判辅助员额配置不科学。C 市基层法院民事法官大多数没有配备法官助理,甚至在一些法院 1 名书记员要协助 2 至 3 名民事法官处理事务性工作,工作量严重负荷,而且也未能达至为民事法官减压的预期效果。

因而,怎样提升民事法官在非合理工作量情况下的审判质效,是此次司法改革的归结点。结合上述原因分析,当前可通过合理工作量的确定固定法官员额,且须按照辅助人员合理工作量科学配置审判单元,便可在一定程度上根治当前存在的诸多问题。

二、以合理工作量固定民事员额法官数值——基于合理的审判裁判性工作量的计算

(一)民事员额法官占比的革新与隐忧

1. 民事员额法官测算的依据

确定民事员额法官数值要参照所在法院辖区面积、人口总数、民事案件数量、经济发展程度等主客观因素,真正把理论基础扎实、审判经验丰富、符合入额条件的一线民事办案人员确认为入额法官,从而形成由民事法官、法官助理、书记员合理分工配合的新审判单元。在域外,通行的做法是根据民事案件总量、法院设置、区域人口数值等要素来确定民事法官员额数,让民事法官统一行使民事审判权。其显著特征是民事法官员额固定化,也即各法院民事法官人数一经固定后要保持稳定,不得随意增减。当前,各地法院入额法官占比基本为 39%,且员额法官数值倾斜于基层。

2. 固定法官数值占比并不能因案制宜,且不符合各法院实情

员额制的显著特性是实现对法官数额的控制和人员的有效管理。以 C 市 A 区法院为例,近三年年均案值增长 12.73%,但法官人数基本不变,保持在 47 名左右,占了所在院政法编制值的 43%。如果依照 39% 的法官员额占比计算,则 A 区法院实际上需减少 5 名法官。所以说,该院法官数额的减少与当前骤增的案件量不相互匹配。更何况,民事、行政、刑事、执行案件各环

节需时不同，所需配备的法官员额自然迥异。因而，怎样在改革员额制进程中，既不超过员额法官的限额，又有效化解人案矛盾突出问题，是推进改革必须面对的疑难。

3. 合理配置民事法官及辅助人员职能符合现实需求

当前，中基层法院审案压力极大，如果依照39%的法官员额占比，定然对不堪重压的状况形成更大的挤压。所以，在加快改革法官员额制进程中，入额法官人数倾斜于人案矛盾尖锐的中基层法院已有较为一致的认同。以C市D区法院为证，笔者选取四种减持民事法官审判裁断性工作量进行分析及选取39%、43%、47%、51%、55%五种员额占比进行人均结案数对比，发现减持民事法官审判性工作量与C市D区法院的人均结案数的实际状况相互匹配。

表三：D法院转移法官职能下人均结案数对比

法官员额比例	D区法院编制	入额法官数	当前法官数额	民事法官数额		当前民事法官审判性工作量的减持	以2016年审结的8734件民事案件为准，员额法官人均结案数	在职能配置不变下民事人均结案数
				入额前	入额后			
39%	145	56	73	38	32	减诉中保全	241	229
39%	145	56	73	38	32	减诉中保全、证据调查	256	229
39%	145	56	73	38	32	减诉中保全、证据调查、调解、撤诉及其文书制作	274	229
39%	145	56	73	38	32	减诉中保全、证据调查、调解、撤诉及其文书制作、裁判文书制作	347	229

表四：增加法官员额占比下人均结案数

法官员额占比	D区法院编制	入额法官数	当前法官数额	法官需增减数	以2016年审结11862件案件为准，入额法官人均结案数	当前人均结案数
39%	145	56	73	-17	211	162
43%	145	62	73	-11	191	162
47%	145	68	73	-5	174	162
51%	145	74	73	1	161	162
55%	145	79	73	6	150	162

从上述表三、表四可知,减持民事法官审判性工作量,更接近C市辖区法院的实际状况。不过,当前推法官进员额制改革的情况并不容乐观,仍须计算出合理工作量下民事员额法官的占比。

(二)计算民事员额法官的占比

1. 计算方法。测算民事员额法官占比必须考虑的影响因子较多且繁杂,关系到多方面内容,比如法院所在地的人口结构、案件值及复杂程度、经济发展层次等因素。此外,后勤保障全面与否、司法事务性工作人员的合理配置、交通是否便捷等均与民事员额法官占比的测算在某种程度上有关联。从“投入—产出”效益角度来衡量,测算民事员额法官数值,关键是要依据案件量所需时耗来考量到底需要多少人物力投入。对各个法院来说,民事员额法官数额多少主要由两方面因素决定:(1)该院一年新收民事案件量;(2)民事法官一年合理的办案量。从静态上分析,某法院民事员额法官数额是上述两方面因素之比,概言之,即为:民事员额法官数额=年民事案件量÷(民事法官合理办案时间÷合理的单个民事案件审判裁断性工作时耗)。在对民事法官工作量进行中肯评价及测算的基础上,办理案件值作为民事法官审判工作的最直观量化方式,不失为计算民事员额法官数额的最直接根据。不过,在理论预期上,某法院到底需要多少名民事法官,就由该院所需办理的民事案件总量,或者说年均民事案件量及一年的合理办案时间、一线民事法官合理的审判裁断性工作量来判断。也即民事员额法官数额=年均民事案件量÷审判裁断性工作量。审判裁断性工作量是上下浮动的[1],因而民事员额法官数额必然的状态亦是上下浮动的[2],并非一经形成便不再改变。这意味着民事入额法官值随着非审判工作时间的增减在静态的审判裁断性工作值上下浮动,均应予以认可。但在固定民事员额法官数值前,必须充分考量到员额制改革试点阶段各类人员配置分工未能一蹴而就,所以宜宽紧结合,给予五年过渡期,让民事法官员额逐渐回归合理值[3]。

2. 计算步骤。按照C市D、E区法院2016年受理民事案件量及计算出

---

〔1〕 参见屈向东《以案定编与法官员额的模型测算》,《现代法学》2016年第3期,第171页。

〔2〕 参见拜荣静《法官员额制的新问题及其应对》,《苏州大学学报(哲学社会科学版)》2016年第2期,第56页。

〔3〕 参见刘斌《从法官“离职”现象看法官员额制改革的制度逻辑》,《法学》2015年第10期,第53页。

来的民事法官合理工作量,能够固定该两院的民事员额法官值。以民事案件受理量和合理工作量为基数,D区法院需安排42名一线民事法官;E区法院需安排30名一线民事法官。

表五:C市D、E区法院固定民事法官员额一览表

考察对象	2016年受理民事案件数	民事法官年合理工作量	固定民事法官员额
D区法院	8734件	212件	42人
E区法院	6228件	212件	30人

3. 计算结论

根据合理的审判裁断性工作量来计算民事员额法官值,比较符合各地民事审判工作实情。更何况,各个法院民事法官合理的审判裁断性工作量均存在差异。这就需要在测算民事法官员额时,对每个法院的民事案件总量及审判裁断性工作平均时耗、一年合理的办案时间进行精确测算。同样,根据审判裁断性工作平均时耗亦可以准确测算出各个法院所需的行政法官、刑事法官及执行法官所需员额。

三、实现民事审判单元的"帕累托效率"——合理配置民事员额法官与辅助人员职能

(一)民事审判单元的合理配备

1. 民事员额法官的基本配套要件

以审判裁断性工作量来测算民事法官员额,是以案定编的量化[1]。在合理的审判裁断性工作量内测算民事法官员额,能够有效根治尖锐突出的人案矛盾,亦能够在一定程度上将民事法官从超负荷的重压下解脱出来,远离琐碎的事务性工作的干扰,确使民事法官可以集中精力于对案件事实的认定及正确适用法律上。假若在非审判工作时间未合理控制下大幅缩减民事法官员额,定然导致一线民事法官年均结案数骤然上升,这等同于在本已

---

〔1〕 缪伟奋:《回归合理办案区间:探索法官员额制下审判单元的"帕累托最优"——以G市B、T区法院审判单元配置为实证分析》,载《尊重司法规律与刑事法律适用研究》,北京:人民法院出版社,2016年,第274页。

负重累累的民事法官的病痛伤口处撒盐,每增加一份工作量,就意味着民事法官幸福感呈现出边际效益递减的态势。但是,如果不降低民事员额法官占比,又与法官员额制改革目标相背离。因而,要降低民事员额法官占比,又要实现民事审判单元的科学合理配套,即达至审判质效上的“帕累托效率”,就应当以合理分工、提升辅助人员数量作为基本要件。

而“帕累托效率”,主要以人群的固定及资源的可分配为假定条件,指称任一分配状态在转变为另一状态的过程中,在缺乏使任一个人境遇发生变质的情况下,是不可能存在更多的帕累托改进的空间,让另一些人的境遇获得相应的利益。而民事审判阶段的“帕累托效率”,是以固定的民事审判资源假设为提前,凭借民事法官及辅助人员比例合理配置,来实现审判质效最优。因而,在不增减民事法官员额前提下,要在审限内如期交出满意的审判工作答卷且不使民事法官“流汗又流泪”,一个极易操作且切实可行的方案定然是科学合理分配审判工作、完善审判单元运行机制。只有这样,方能在减少民事法官员额的情形下,确保有充足的民事法官应对源源不断的民事纷争。

2. 科学配套辅助人员的可行性和必要性

由法官助理及书记员构成的审判辅助人员对民事审判工作正常有效运转,对民事法官高质量地完成案件审理工作,有着无可替代的地位。但最为重要的是高质量完成了绝大部分程序性及一些实体性的审判工作,从而让民事法官得以轻松从琐碎的事务性、技术性工作中解放出来,专注于事实认定及法律适用问题。以C市D区法院为例,在合理的审判工作时间内,如果转移调查取证、勘验职能的,民事法官可增加8%的结案量;转移拟定裁判文书职能的,民事法官可增加20%的结案量;配置1名法官助理时,民事法官可增加35%的结案量;配置2名助理人员时,结案量可增加12%。

表六:D区法院改变要素投入的结案数比对(单位:件)[1]

D区法院	当前民事法官工作量	转移调查取证、勘验职能	转移拟定裁判文书职能	配置1名法官助理	配置2名法官助理
结案数	229	249	274	286	309

[1] 以D区法院2016年的审判工作量为基点,按表二的有关环节占比进行测算,得出各项职能配备的合理工作量。

3. 法官助理及书记员配套不科学的状况令人担忧

目前,部分基层法院尤其是欠发达地区基层法院,给民事法官配备足额的审判辅助人员是异常匮乏的,特别是法官助理配套问题,大多数法院民事法官基本没有法官助理,甚至3名民事法官共用2名书记员。从C市E区法院情况看,民事员额法官有19名,但法官助理为15人。在这种情况下,意味着1名助理需协助1—2名民事法官完成相应工作,而民事员额法官也需挤出时间专注于纯事务性或司法技术性工作。而造成法官助理或书记员缺乏的最根本因素在于"级别晋升难、工作压力大、福利待遇低"[1],与超出饱和工作量不构成正比,心理落差比较大,人员流动较为频繁。

(二)科学配置民事审判单元

1. 域外国家的基本配备方式。现代意义的法官助理制度肇始于1882年的美国[2],随后各国在推进审判体制改革进程中,为维护法官独立审判、提升审判质效及司法权威的根本目标,基本采用了为民事法官配套足额的法官助理,并将民事审判事务性工作交与法官助理或书记员独立完成,这也是各国普遍实行法官精英化的制度保障。而为每个民事法官配置合理的助理或书记官,形成分工合作的审判单元,是当前大部分国家积极推行的做法。例如美国联邦最高法院,大部分民事法官均配备了4名助理。又如德国,柏林地区各级法院就录用了700多名司法事务性人员,慕尼黑高等法院就录用了285名司法事务性人员。[3]

2. 国内的审判单元配备方式。组成新的审判单元使法院各个岗位实现了资源重新配置及人员的分类管理,这有助于推进资源配置效益最大化及内部管理规范化。当前,各级法院组成民事审判单元的方式缺乏统一的指导意见,各地自行为政,方式各异,主要有一审一书、一审一助(书)、一审两

---

〔1〕屈向东:《"成本—收益"视角下法官员额制改革的博弈问题》,《理论探索》2016年第3期,第120页。

〔2〕宁波市中级人民法院、余姚市人民法院联合课题组:《法官职业化建设背景下法官助理制度的重新审视与现实进路》,《时代法学》2013年第6期,第64页。

〔3〕缪伟奋:《回归合理办案区间:探索法官员额制下审判单元的"帕累托最优"——以G市B、T区法院审判单元配置为实证分析》,载《尊重司法规律与刑事法律适用研究》,北京:人民法院出版社,2016年,第278页。

助一书等情形[1]。国内最先探索构建新型审判单元的横琴法院,根据民事法官职业化、精英化、法官助理及书记员专业化、精干化的原则,组成了“1名民事法官+3名法官助理+1名书记员”的审判单元模式。按照C省法院颁布的法官员额制改革思路,民事案件将实行两种审判单元模式:(1)独任制的“1+1+1”模式,也即每个审判单元由1名员额法官配备1名助理及1名书记员构成;(2)“1+2+N+N”的团队运作模式,也即每个审判单元由1名审判长(或主审法官)配备2名法官(或1名未入额法官、1名人民陪审员)、N名助理及N名书记员构成。而C市A区法院依照院情,力推两类审判单元方式,一项是“1+1+1”的简易案件审理方式,这种方式主要给予主审法官配置1名助理及1名书记员;另一项是“1+N+N+N”的普通案件审理方式,这种方式主要由“1名审判长(院庭长、审判专委)+N名民事法官(包括1名主审法官)+N名助理+N名书记员”组成民事审判单元。

3. 科学构建审判单元的对策。在司法体制改革的背景下,由法官助理协助民事法官完成案件审理所需的司法技术性工作,包括调查取证、拟写裁判文书、组织调解等诸多琐事,由书记员独立完成送达、庭审记录、裁判文书制发等纯程序性工作。为民事法官配置法官助理及书记员各1名,在人案矛盾突出的情形下,法官助理或书记员可否有充裕的时间及精力去完成这系列的司法事务性工作?假若力所不能及,为如期审结民事案件,民事法官只能亲力亲为去完成这些事务性工作。民事法官被事务性工作纠缠,将不得不分出本已拮据的时间和精力去处理这些工作,审判质效必定受到极大影响,这与推进民事审判运行机制改革的目标相违背。若为民事法官配置法官助理3名及2名书记员,是否意味着法官助理及书记员的有效工作量存在悠闲空间,是否会导致审判人力资源的闲置?怎样配备足够的法官助理及书记员数额,既可满足民事法官饱和的工作量,又不会导致司法资源的极大浪费,最终实现“帕累托效益”最大化?

根据合理办案时间及个案平均时耗的计算,每个民事法官一年合理的审判裁断性工作量是212件,依照这个工作量计算民事员额法官值,并不当然低于当前各地法官员额制改革的比例。相对于当前的审判职能配置来说,转移一项事务性职能,民事法官可增加9%的结案量;转移两项事务性职

[1] 詹建红:《法官编制的确定与司法辅助人员的设置——以基层法院的改革为中心》,《法商研究》2006年第1期,第65页。

能的，民事法官可增加23%的结案量；配置1名法官助理及1名书记员时，民事法官可增加31%的结案量；配置2名助理人员及1名书记员时，结案量可增加37%，但配备3名以上助理及2名以上书记员，非但不能使民事法官结案值大幅度增长，往往会形成人浮于事的审判资源的闲置。这种职能划分及分类管理所达至的审判质效，必然呈现出倒"V"的发展趋势，也即到达最佳审判效益点后，源源投入人力资本，只能使审判质效出现边际效益递减。以C市基层法院为例，在合理的审判工作量内，民事法官与法官助理、书记员的合理比例应为1：2：2，也即1名民事员额法官需要配备2名法官助理及2名书记员。

为避免出现审判质效边际效益递减，实现"帕累托效率"，各级法院在配备民事法官助理及书记员时，可对助理及书记员划定高中初三个等级，将超过一名的助理或书记员的资格条件下降一个层次选用，即初级助理或初级书记员。这样可以有效避免配备2名民事法官助理或2名书记员导致审判资源的闲置，又可以提升核心审判工作的质效。比如，C市A、B区法院均引入"1+1+1"的审判单元方式，也即1名民事法官配备1名法官助理及1名书记员，但不同的是A区法院的法官助理及书记员均为中级，而B区法院法官助理及书记员则不划分等级，区分差异，作用发挥自然不同，从而在"1+1+1"方式的前提上，演变出"1+N+N"的变化方式，这更有利于划定工资福利层次，维护辅助人员队伍的稳定。

所以，在推进法官员额制改革进程中，必先要确使民事法官脱离各种琐碎的辅助工作，集中精力专注于民事审判裁判性工作，并在此前提下分别测算出各个法院所需要的民事法官员额数量，且需要科学配置辅助人员的工作量，从而形成高效的审判单元结构。

（初审：巢志雄）

从“量”到“质”的司法品牌塑造

——法院自媒体的瓶颈之困与出路

罗文君*

【提　要】 本文总结了我国法院自媒体的现状，阐述发展法院自媒体的必要性和积极意义，并以G省G市的法院自媒体发展为实证，肯定了自媒体对法院工作的成效和作用。但“自媒体热潮”之下，本文列举了当前法院自媒体发展所面临的困境之状，指出法院自媒体虽然在“量”上取得突破，可是发展理念和机制建设仍然存在缺陷，造成运营遇冷，甚至因人为失误产生负面舆情。困难之下，必须致力从“质”上改善法院自媒体的运营现状，打造优质品牌。对于法院自媒体的未来发展方向，本文建议，首先要坚持法院自媒体的司法、新闻双重属性，要在坚持司法价值观的同时寻求符合新闻传播规律的方式运营法院自媒体。其次要将自媒体作为法院创新工作举措的重要载体，将自媒体与法院工作紧密结合、协同发展，不断优化法院自媒体的功能运用。最后要从机制建设上完善法院自媒体的管理，包括制度规范、发布审批、绩效考核、队伍建设、统筹建设等，畅通管理节点，提升自媒体的内部管理活力。

【关键词】 法院自媒体　双微　舆情引导　司法品牌

引言

自媒体，是指私人化、平民化、普泛化、自主化的传播者，以现代化、电子化的

---

* 广东省广州市天河区人民法院调研科法官。Email:542256463@qq.com。

手段,向不特定的大多数或者特定的单个人传递规范性及非规范性信息的新媒体的总称,包括博客、微博、微信、贴吧、论坛等网络社区和平台。[1] 本文所指法院自媒体,是指在法院管理下、以法院为名义[2]所开通的网络新媒体[3]。

一、法院自媒体发展概况

(一)我国法院自媒体的三个发展阶段

我国法院自媒体的发展大致可分为三个阶段。

第一阶段从2000年后至2010年以前,是法院自媒体的萌芽阶段。该阶段主要以法院官方网站为宣传基础,虽然已出现有博客等可以自主发布的网络平台,但极少有法院以单位为名义运营尝试,自媒体概念尚未普及。

第二阶段从2011年至2015年,主要以“双微”——微博和微信的广泛运用为符号,是法院自媒体的高速发展阶段。自媒体概念普遍被法院系统所接受,并逐步建构起四级法院的自媒体体系。以新浪微博为例,至2014年底,全国法院共开通官方微博3322个,接近全国法院总数的90%,总粉丝数量5000多万。[4]

第三阶段从2016年开始至今,是法院自媒体的多元发展阶段。法院自媒体在平台选择上更为广阔,逐步形成以“两微”为基础,多家新媒体并在的“宣传矩阵”[5]。另在自媒体功能和自媒体风格上,也呈现出定制化和个性化的特点,逐渐改变过往单一发布信息的功能,线上服务成为法院自媒体创新便民的“蓝海”。

(二)法院自媒体的积极意义

1. 为何要用——法院自媒体的优势特性

(1)符合信息获取的新方式。2013年,最高人民法院院长周强在与新闻

---

[1] 百度网,百度百科:“自媒体”,访问时间:2017年6月15日。

[2] 对法院工作人员以个人名义开通的自媒体,笔者认为应属于个人自媒体的范畴,不作为本文研究之列。

[3] 从广义理解,法院官方网站应属于自媒体的一种,但与人们现行理解的自媒体具有较大的概念和特性差异。因此,本文所称自媒体,主要是指网络新媒体。

[4] 新浪网、新浪微博:《全国法院新浪微博运营报告》,访问时间:2014年12月。

[5] 最高人民法院办公厅:《关于集体入驻今日头条等客户端平台组建全国法院新媒体矩阵的通知》。2017年5月,最高院印发该文件,对全国法院组建法院自媒体“宣传矩阵”提出了明确要求。

媒体的座谈会上谈到,“法院要改变一篇通稿打天下的做法”[1]。在网络的影响下,民众获取信息的方式和阅读习惯悄然改变,碎片化的“掌上阅读”成了最快的信息获取方式。法院必须有的放矢,根据纸质、广电等传统媒体,以及新媒体的不同特点进行宣传部署,才能实现信息的多点输出。值得注意的是,在一些重大、突发事件的获知上,民众往往首先从自媒平台所获得,说明自媒体在舆论导向的时间点上已经优势于传统媒体。且传统的纸质、广电媒体当前也毫无例外“抢滩”自媒平台,侧证了自媒体已经成为宣传工作不可或缺的“战场”。

(2)实现信息的多次传播。通过自媒体平台发布内容的转发、抓取,可以达到信息的二次乃至多次传播,实现宣传的倍数增长。阅读人群即便非某一法院自媒体的第一受众,但完全有可能通过他人的传播了解到法院输出的信息,成为信息的持续传播者。

(3)实现双向互动。自媒体可通过留言、私信、提醒等方式,即时完成法院与民众的直接对话,是获取、回应、引导舆论民情、掌握民众诉求的首要渠道。

(4)自主选择传播对象。自媒体中,追随者与被追随者的关系是相互的,自主选择的,没有一种固定的状态。[2] 因此,法院可以较为精准地根据特定对象或群体发布内容。

2. 其有何用——法院自媒体的成效作用

(1)打造法院新形象。较之传统较为严肃的宣传策划,自媒体表达形式和表达内容的自由度更高,能够通过诙谐的语言、图片和留言回复,以及引入网络热词等方式增强阅读趣味,营造出轻松、亲民的氛围,能够树立起“接地气”的法院新形象和司法名片。

(2)扩大宣传范围。自媒体的传播特性让法院宣传内容的广度和深度得到较大提升,且融合多个自媒体平台的情况下,矩阵式宣传极大增强了宣传效果。

(3)引导舆论走向。法院自媒体信息发布的节点由法院自行掌握,灵活且简便,能够第一时间对重要事件或舆情舆论进行发布和回应,及时对外发声并起到引导作用,是实现舆情工作“三同步”[3]的重要辅助手段。

---

[1] 刑世伟:《各级法院为舆论监督提供司法保障》,载《新京报》2013 年 6 月 3 日,第 A18 版。
[2] 苗琳:《自媒体传播特点以及优劣势分析》,《科技传播》2016 年第 5 期(下),第 39 页。
[3] 既依法处置、舆论引导、社会面管控,源于原中央政法委书记孟建柱的指示精神。

(4)反馈民众关注。法院自媒体为法院和民众搭建了一条双向互动、沟通的渠道,改变以往信息只能单项输出的问题。信息交互过程中,民众反映了诉求,法院对应给予回复,提升了民众良好的诉讼体验,与“让民众感受到公平和正义”的精神相契合。

(三)法院自媒体的司法实效——以G省G市法院自媒体为视角

为以司法实践证明自媒体对法院工作的良性推动效能,笔者选取了我国G省G市两级法院的自媒体发展作为例证,以窥一二。

1. 基础:逐步成形的自媒体“矩阵”格局

G市现含G市中院在内共有12家法院。2012年起,G市部分基层法院陆续开通新浪、腾讯微博,启动了自媒体的运营。2014年4月,G市中院出台《G市法院司法公开工作水平测评办法》,正式将微信、微博纳入G市法院司法公开水平建设的子项目,进一步推动G市法院自媒体的建设历程。至2016年底,G市法院“双微”自媒体运营成型,并延伸至其他新媒体平台,逐步形成多点覆盖的自媒体矩阵体系(表1)。[1]

表1:G市两级法院自媒体开通情况

序号	法院	官网	微信	新浪微博	腾讯微博	头条号
1	G市中院	⊙	⊙	⊙	⊙	⊙
2	Y区法院	⊙	⊙	⊙	⊙	—
3	L区法院	⊙	⊙	⊙	⊙	—
4	Hz区法院	⊙	⊙	⊙	⊙	—
5	T区法院	⊙	⊙	—	⊙	—
6	B区法院	⊙	⊙	⊙	—	⊙
7	Hp区法院	⊙	⊙	⊙	—	—
8	Hd区法院	⊙	⊙	⊙	—	—
9	P区法院	⊙	⊙	⊙	⊙	—
10	N区法院	⊙	⊙	⊙	⊙	⊙
11	Z区法院	⊙	⊙	⊙	—	⊙
12	C区法院	⊙	⊙	⊙	—	—
备注	⊙ 开通　— 未开通					

[1] 本文表格统计数据除特殊说明外,皆为2017年6月15日采集。

2. 创新:自媒体内容深度和栏目广度的拓展

G市法院自媒体的发展不仅体现在数量,在自媒体的内容形式和司法服务项目上,也具有较高的水平。一是发布内容具有多样性,编排形式可读性较强,能够吸引一定的受众持续关注。以微信为例,在第三方网络数据研究机构的动态数据统计中,2017年上半年G市中院WCI[1]平均值为502.12,G市11家基层法院WCI平均值为240.56,高于全省法院的WCI平均值。[2]该WCI指数是通过阶段性的浏览量、点赞量、发布量,以及该阶段的上述数据最高值等传播数据综合统计得出,数值越高,说明传播影响力越大。二是自媒体对舆情的回应具有即时性,比如G市T区法院对不实数据报道的回应[3],以及G市Y区法院对该院设施不到位的网络舆情处置[4],都在事发24小时内迅速作出回应。三是自媒体融入的网络服务项目具有全面性,覆盖庭审直播、裁判文书公开、案件信息查询等司法公开信息(表2)以及网上立案、缴费等多项诉讼网络服务(表3)。

表2:G市法院微信关于司法公开的项目

法院	司法动态	裁判文书	庭审直播	审判流程	执行流程	官网链接
G市中院	⊙	⊙	⊙	⊙	⊙	⊙
Y区法院	⊙	⊙	—	⊙	⊙	⊙
L区法院	⊙	⊙	—	⊙	⊙	⊙
Hz区法院	⊙	⊙	⊙	⊙	⊙	⊙
T区法院	⊙	⊙	⊙	⊙	⊙	⊙
B区法院	⊙	⊙	⊙	⊙	⊙	⊙
Hp区法院	⊙	⊙	⊙	⊙	⊙	⊙
Hd区法院	⊙	—	—	—	—	—
P区法院	⊙	⊙	⊙	⊙	⊙	⊙
N区法院	⊙	⊙	⊙	⊙	⊙	⊙
Z区法院	⊙	—	—	—	—	—
C区法院	⊙	—	⊙	⊙	⊙	⊙
备注	⊙ 开通　　— 未开通					

[1] WCI指数是由原始数据通过计算公式推导出来的标量数值,是考虑各维度数据后得出的综合指标。

[2] 数据来源:清博指数,登载于“清博大数据网”,网址:http://www.gsdata.cn/,访问时间:2017年6月15日。

[3] 天河法院:《有些锅,为了法官们的汗水,还真不能背!》,2017年2月17日,天河法院微信公众号。

[4] 广州市越秀区人民法院:《欢迎监督批评 提升服务水平》,2017年6月22日,越秀法院新浪微博。

表 3:G 市法院微信关于司法服务的项目

法院	立案服务	12368 平台	网上公告	网上缴费	电子送达	失信曝光	诉讼指南	信访咨询	延伸链接
G 市中院	—	⊙	⊙	—	—	⊙	⊙	⊙	⊙
Y 区法院	⊙	—	—	—	⊙	—	⊙	⊙	⊙
L 区法院	—	—	—	—	—	—	⊙	—	⊙
Hz 区法院	—	—	⊙	—	—	—	—	—	⊙
T 区法院	⊙	⊙	⊙	⊙	—	⊙	⊙	—	⊙
B 区法院	⊙	⊙	⊙	⊙	⊙	—	⊙	⊙	⊙
Hp 区法院	⊙	—	⊙	—	—	—	⊙	⊙	⊙
Hd 区法院	—	—	—	—	—	—	—	—	—
P 区法院	⊙	—	⊙	—	—	—	⊙	—	⊙
N 区法院	⊙	⊙	⊙	—	—	—	⊙	—	⊙
Z 区法院	—	—	—	—	—	—	—	—	—
C 区法院	⊙	⊙	⊙	⊙	⊙	⊙	—	⊙	⊙
备注	⊙ 开通 — 未开通								

2015 年、2016 年,G 市中院连续两年被中国社会科学院法学研究所评为司法透明度排名首位的法院[1],与 G 市法院自媒体的高速发展阶段相吻合。G 市法院自媒体的发展,为打造 G 市司法名片,起到了重要的辅助作用。

二、法院自媒体高速发展的瓶颈之困

法院自媒体数量的高速增长,虽然体现了法院系统对自媒体的重视,但也存在隐忧,这种忧虑来自法院自媒体的传播广度和深度依然与我们希望达到的影响力具有较大差距。以微信为例,除最高人民法院公众号能够多次实现代表优秀传播阅读量的"10 万 +"外,极少法院的单条微信推送能够达到这一目标。

(一)法院自媒体发展的困境之状

笔者总结了法院自媒体被民众诟病较多的地方:一是"僵尸账号",自媒

〔1〕 中国社会科学院法学研究所法治指数创新工程项目组:《中国司法透明度指数报告(2015)》《中国司法透明度指数报告(2016)》。

体账号更新速度慢，数月更新或开通一段时间后便不再更新，甚至不闻不问被人盗号造成负面影响。〔1〕二是"转发党"，缺少原创内容，发布多为转发他人文章，属于典型的"应付式运营"。三是"八股文"，文章内容单调、形式呆板，比如"官腔微博"。四是"失聪症"，几无互动，民众留言和询问几乎都得不到法院的任何回应。五是"苦肉计"，宣传角度出现偏差，比如片面强调法院工作人员"长期加班、带病工作、大跃进式结案"等，反而遭到外界乃至法院系统内部人士的反感。〔2〕

上述现象，也是政务类自媒体所普遍面临的问题。"部分地方政府在新媒体平台上以自我为中心、民生服务不到位、与公众互动不够、部门之间合作少、覆盖面不足"〔3〕笔者认为，出现这种困境，不仅是理念上的问题，更多在于法院内部的自媒体管理机制依然未有理顺，直接影响到法院自媒体的运营质量。

（二）法院自媒体发展的理念桎梏

1. 任务指标下的自媒体被动性开通

本身尚未做好开通自媒体的准备，但因上级文件通知要求而匆忙开通。这种应付式开通的现象在政务自媒体中较为普遍，虽然表面壮大了自媒体体系，但实质却对体系产生消极影响，因其本身的内容和效应是空洞、匮乏的，无法带给外界有效信息，不仅体现不了"自媒"的特色，而且容易给人形成随意懒散的烙印。

2. 忽略自媒体传播效果的传统宣传思维

部分法院的宣传工作缺乏与时俱进的认识，在传统新闻媒体纷纷向"全媒体"转型的阶段，法院宣传工作却依然停留于纸质、广电类的媒体宣传渠

---

〔1〕于洋：《政务微博待补三大短版》，载《人民日报》2016 年 1 月 28 日，新媒体第 14 版。该文指出：2015 年，河北省承德市鹰手营子矿区人民法院官方微博"@承德营子区法院"，频繁转发各种商业账号的广告信息，内容包括彩妆、品牌手机、电器、信用卡等，但法院 10 个月后才发现微博账号被盗。

〔2〕Footman 乙：《从三人一周结案 800 到 5 个月 18 名法官》，《法眼观察》微信公众号，2017 年 5 月 27 日。该文针对广西某地法院官微发布的一篇文章《百日清案，不服来战：3 个人的团队一周结案 800，你能做到吗?》发出质疑，认为广西某地法院对此是过度宣传，"只会让民众误解法官工作的真实状况，甚至让决策者也产生错觉"。

〔3〕林渊渊：《浅析地方政府新媒体传播的存在问题》，登载于人民网，网址：http://media.people.com.cn/n1/2016/0627/c405364-28482452.html，访问时间：2017 年 6 月 9 日。

道。实际上，当前具有影响力的法院自媒体，比如最高人民法院“双微”，其传播效果已经远超部分区域性传统新闻媒体。

3. 片面看待自媒体管理的短视现象

法院自媒体的直接运营人员多为宣传工作者，在个人司法经验、审判业务能力等方面未必能够应对专业法律问题，因此在自媒体内容的采编、舆情回应等方面都需要有对口审判部门和人员的审阅意见，为对外发布进行把关。然而当前自媒体的编涉人群仍然较为狭窄，未能调动起法院整体尤其审判部门人员的积极性。反之，法院自媒体运营人员也或因长期的个人维护行为，存在忽视发布流程、脱离审批监督的现象，导致因发布、回复内容不当而造成负面影响。

4. 渐离谦抑型自媒体的运营理念偏差

法院自媒体风格应鼓励特色化发展，但风格打造应遵循适当有度而非哗众取宠。部分法院自媒体的发展过程中，容易出现对外姿态过高或过低的现象，比如“高冷俯视”“卖萌过度”等，属于典型的运营理念偏差，必须及时予以纠正和改变。

（三）法院自媒体发展的机制之困

1. 人财物管理机制的不足——“人少跨界预算低”

一是人员分配不够。案多人少是多地法院最为突出的矛盾，在人力资源向审判核心工作倾斜的情况下，宣传部门人员分配更是捉襟见肘。尤其基层法院极少设立有宣传专职部门，法院自媒体的具体运营多由办公室、研究室、政工科或调研科等工作人员身兼多职担任，运营质量难以得到保障。

二是人员专业的欠缺。法院自媒体的发布内容是法学范畴，但编排具有美术学、传播策划具有新闻学等属性。受困于人员招录的限制，法院上述专业人才十分匮乏。这种专业知识技能的缺失，虽然并不必然导致法院自媒体无以为继，但却难以优化其传播影响。司法实践中，虽然部分法院已经具有“专业人干专业事”的意识，通过配置新闻学、美术人才或购买专业服务的方式满足自媒体运营的需求。但具有上述条件的法院仍然集中于中级以上人民法院，基层法院专业人员不足的困难仍然突出。

三是宣传经费的限制。自媒体辅助运营的专业服务购买必须建立在宣传经费的保障之上。据笔者了解，当前自媒体辅助运营的专业服务机构主要为新闻传媒公司，费用高昂。如果安排专人辅助，一年的常态运营费用介于15万—35万元不等，且报价还未包括特殊策划项目等增值服务。因此，并非所有法院都具备通过购买第三方服务的方式解决自媒体的发展困境。

2. 绩效考核机制的不足——“做了什么”

司法改革后，法院人员分类管理出现了新局面，相对法官入额人员工作绩效考核得以迅速出台的情况，行政综合部门人员的绩效考核规定则相对不够明确、细化。尤其牵涉到自媒体工作量的计算，更是一个复杂的过程，并非像审判部门基于案件数量[1]那样能够得出较为直观的结果。即便自媒体宣传能够纳入量化考核指标，但其比重仍然较之其他宣传渠道被低估。以G省为例，依据《G省高级人民法院司法宣传工作量化考核办法（试行）》第三项的规定，新媒体采用的宣传作品基准分和加权分是最低的，范围也仅局限于G省法院自媒体，其他自媒体账号的采用未予纳入考评之中。这种绩效考核“一刀切”的方式，抑制了自媒体运营人员的工作积极性，长远来看，必然制约法院自媒体的发展。

3. 规范管理机制的不足——“怎么管”

作为近年刚起步的工作，法院自媒体的规范管理意识较滞后于法院自媒体的发展速度。部分法院尚未意识到法院自媒体对法院形象的巨大影响，在制度管理层面较为漠视，集中表现为对自媒体的内容发布、舆情回应等管理较为松散，没有制定严谨的审批流程，缺少舆情突发事件的指引等，因此屡有发生因法院自媒体发布内容不当所引发的舆情事件。比如长沙中院微博关于曾成杰执行死刑的回应事件[2]，以及山东省荷泽市巨野县法院发博“力挺马蓉”事件[3]，便是对发布内容审批不严造成的负面舆情。

---

〔1〕 对审判部门的案件绩效考核评判，其实目前也具有较大争议，主要在于案件复杂、难易程度的不同，在我国尚未建立完整的案件权重体系的情况下，仅以案件的案号数量来衡量工作量显然不够科学。对此，目前大部分法院的做法是进行简单分类折算，即筛选出特定案由、设定条件的案件作为简易案件，然后以若干简易案件折抵一件普通案件的方式，对案件业绩进行平衡量化。

〔2〕 2013年7月12日，长沙中院对曾成杰执行死刑。当晚，曾成杰女儿在微博发博质疑长沙中院对曾成杰执行死刑前未有通知家属。13日下午5时19分，长沙中院微博发博回应“法律没有明文规定，对犯人执行死刑时，犯人必须跟亲人见面”。该博迅速转发扩散，由此引发舆论的极大关注。半小时后，长沙中院将此条微博删除，并发博道歉及解释。

〔3〕 2016年10月29日下午2时许，山东省荷泽市巨野县法院在其微博就知名演员王宝强离婚案发博，“一纸声明，高下立判，王宝强就这样赶绝孩子他妈妈”引起社会关注。其后，巨野县法院删博并发布通报致歉。

三、法院自媒体的出路探索

(一)法院自媒体的应有之义

正确发展法院自媒体,应合理把握"法院+自媒体"的双重特性。

1. 法院自媒体近似于媒体,应符合一般新闻媒体的传播规律

任何一种媒体的传播都有其规律性,法院自媒体亦如此,简单而言,就是要在媒体传播的形式和要素上下功夫,符合传播的特点,比如内容精彩、看点多样,话题热门等能被民众接受的方式。因此,法院自媒体应当积极学习、采用新闻媒体对其自媒的报道传播规律和要式,起到吸引民众常态阅读,固定受众群体关注的作用。

2. 法院自媒体区别于媒体,必须体现司法的社会属性

司法机关的特殊属性决定法院在宣传工作中必须坚持以我国司法理念为主导。法院自媒体作为法院的对外"喉舌",需要以法院的视角为价值取向,这是法院自媒体与新闻媒体、商业媒体在社会引导作用上的本质区别。法院自媒体的宣传,应立足于司法特色,如果片面迎合部分受众喜好改变宣传要点和风格,不仅会造成法院自媒体的模糊定位,而且将降低法院自媒体的司法权威。

(二)法院自媒体新常态下的功能优化

1. 完善自媒体内容的可读性

借鉴商业自媒体的运营模式,在法院对外宣传中融入网络语言、热词、表情包等网络文化,并广泛运用以"长图""HTML5""微视频"等为代表的新媒体技术,力求从形式和语言上提升阅读趣味,拉近与民众的距离。新颖的表达形式对提高阅读量具有显著的帮助,以笔者所在的G市T区法院微信为例,2016年阅读量位居前十的微信文章中,排名前九位的文章均分别采用有新媒体技术或网络文化包装,且文章发布后的粉丝增加数倍高于未有精细策划的微信文章,可见受众对表现新颖的微信文章具有较高的阅读兴趣和关注度。

2. 加强法院自身新闻热点的素材挖掘

法院自媒体的报道价值主要源于审判、执行等司法工作,在对外宣传过

程中，应当注重对内挖潜，增加审判工作或基于审判的服务型内容发布，充分体现出法院自媒体的特点。以G市T区受理的查良镛（金庸）诉杨治（江南）等著作权侵权纠纷和不正当竞争纠纷一案为例，该案自2016年9月立案伊始，T区法院自媒体便进行了跟踪发布，包括立案、当事人申请延期开庭审理、开庭预告、庭审过程等多个流程的信息发布，并在微信架设网络直播窗口。经细密的宣传部署，该案庭审共有超过10万人次在线观看，观看人次位居当月全国直播庭审的第二位。另，庭审相关信息的发布浏览量超过1.4万人次，在基层法院的微信中，取得了较高的数据流量。在此次宣传策划中，T区法院自媒体无疑充当了“电子新闻发言人”的角色。

T区法院另一自媒体传播优秀案例是在2016年台风“妮妲”登陆前一天，通过微信公众号对外发布取消翌日全院开庭的通知。该条推送24小时内浏览量高达1.9万次，获得众多律师及当事人的肯定和赞扬。由此可见，除司法动态，服务型的信息输出也能极大提升法院自媒体的传播影响力，法院不应忽视自身素材的“造血”能力。

3. 发挥自媒体对网络舆情的导向功能

对于社会自媒体引发的舆情，最高人民法院院长周强强调：“自媒体时代，既不能对舆情无动于衷，也不能为舆情所左右。要善于通过发布正确完整的司法信息，避免被动。”负面舆情此消彼长，一方面需要尽快消除负面影响；另一方面需要正面信息的不断输出，作为信息漩涡的一手情报者，法院是可以通过自媒体达到舆论校正效果的。主要实现方式便是通过法院自媒体“先声夺人”，重视发布节点和时效，敢于与非官方信息“抢时间高地”，改变“跟着舆论跑”的被动局面。同时，擅用法院自媒体双向互动的特点，引导消化部分反映诉求，分流信访、上访现象，逐步树立起法院自媒体的公信力。

4. 突出自媒体与司法公开的有效结合

我国司法公开的力度不断加强，近年在裁判文书、庭审直播等公开事项已经逐步成熟的情况下，下一阶段的公开事项必将以“司法大数据”为创新亮点，比如数据的采集、分析等。一直以来，法学研究学者等法院外部人士都希望获得更多的司法信息和数据用以研究之用，但除法院工作报告所涉及的信息和数据之外，能够获知的渠道极为有限。法院自媒体正可以此为契机，发挥自身优势，打造司法信息公开和大数据公布的权威发布平台。

5. 强化自媒体软件与信息化技术的协同发展

信息化发展原本与法院自媒体发展并无过多交互，但随着自媒体新技术的高速发展，自媒体已经成为众多“互联网 + ”技术的现实载体，比如“微立案”“二维码支付”[1]“庭审直播”等功能。今后民众对法院自媒体的关注，将从信息获取的需求扩展至诉讼全程的优化体验，这对法院自媒体的发展既是机遇，也是挑战，法院自媒体必须在对外宣传过程中，同时积极协调信息化的发展。今后法院自媒体的深度应用，不仅能够创新出目前已有法院在运用的“微信立案”“微信送达”等新举措，还可深化运用到更多的层面，比如“微信预订旁听”“微信接访”等。

（三）法院自媒体内部运行管理机制的构建

1. 建立权责明晰的规范管理机制——制度规范

制度规范是法院自媒体管理的首要机制，无规矩不成方圆，自媒体的良性运行必须制定有专项运营管理制度才能适应不断发展的自媒体工作。考虑到不同自媒体平台的多样性和自媒体发展较为迅速的特点，笔者推荐采取“1 + N”的方式构建制度规范，即一部具有纲领性的总规范文件和若干子规范文件。“1 + N”的优点在于，一是可以具化细节的内容；二是便于自媒体发展和政策的调整，运用起来较为灵活。在当前已经具备四级法院自媒体体系的情况下，可以通过自上而下、逐级细化的形式推动法院自媒体的规范运行，从制度上推动法院自媒体的规范管理，也为其他的机制建设打好基础。

2. 建立发布内容的严格审批机制——有效监督

自媒体一经发布留痕的特点，几乎具有不可逆性，而多次自媒体所引发的舆情事件更是印证了法院自媒体审批前置的必要。审批前置，既是对发布内容的二重乃至多重审核，也是规范管理的必要监督手段。科学的审批流程，应以三级审批为基础，具体为：宣传部门初核，决定新闻宣传要素；涉事部门复核，决定专业法律要素；院领导准核，决定综合考量要素。即便出于效率考虑，简化常态的审批流程，也应采取列举的方式授权简化审批事由，严格控制审批流程。涉及舆情引导等重大事件的对外发布，审批或严于三级但不可降低，此时的发布具有极大的外界关注，必须确保对外回应的精

---

[1] 广州市白云区人民法院：《好消息！2017年6月1日起白云法院诉讼费可以电子支付啦！》，广州市白云区人民法院微信公众号，2017年6月6日；天河法院：《“扫一扫”，天河法院诉讼缴费现全面支持网银和支付宝微信扫码支付》，天河法院微信公众号，2017年6月8日。

准和严谨。

3. 建立运营人员的工作绩效机制——科学考评

制定自媒体运营的工作考评体系是科学评估运营人员工作的客观要求，不仅能如实反映法院自媒体工作人员的工作业绩和能力，而且是保持法院自媒体活力的推力。制订工作考评体系，其又以能够合理估算自媒体工作绩效为基础。所谓合理，笔者认为应从既定完成的任务和发布后的效果进行综合考量。既定完成任务的要素包括发布文章数量、关注人数、专题策划次数等较为直观的数据指标。发布后的效果则是一个综合分析的过程，涵盖既定完成任务的数据指标，并且融入浏览量、转发量、点赞数等多项关键指标。从指标的分析专业性和结论的中立性着眼，具体综合分析过程可考虑交付第三方专业机构运用数据统计得出，比如较为直观的 WCI 指数、KPI 管理[1]等评测体系。

4. 建立专职人员的长期培养机制——队伍建设

加强自媒体管理人员的队伍建设，首先要解决人的问题，主要有两个关键点：一是有人员，保证高态运行的配备要求。对暂时无法落实基础人员配备的法院，由于增加政法编制需要中央编办的统筹，且增编并非易事，因此可先通过录用合同编外人员完成必要的人员配备。在招录合同编制人员的过程中，可同时招聘新闻学、美术学等对口人员，一并解决自媒体专业人员不足的问题。二是有能力，人员素质能力应当适应法院自媒体不断发展的需要。这种适应能力除基本媒体能力外，还包括在岗的增值提升，具体可通过开展专职专岗培训等方式，拓展法院自媒体人员的实践运行能力，尤其是突发事件的舆论引导能力。媒体能力提升是一个长期的过程，所以在该过程中应尽量保持自媒体人员队伍的稳定性，对合同制自媒体运营人员亦应给予必要的晋升空间，以减少人才流失的不利影响。

5. 建立市级统筹的自媒运营机制——集约优化

法院系统中，当前 WCI 指数最高的微信公众号为最高人民法院，常态均值大概在 800—1200 之间，其他排名靠前的微信公众号也以省市级人民法院为多，说明自媒体的影响力仍然受到行政区域发布平台的影响。因此，笔者认为，除个别条件较为成熟的地区基层法院，未来的法院自媒体建设可考虑

---

[1] KPI 指数，即关键绩效指标（KPI：Key Performance Indicator）是通过对组织内部流程的输入端、输出端的关键参数进行设置、取样、计算、分析，衡量流程绩效的一种目标式量化管理指标。

以地市级法院为平台，即由各地中院组织统筹本地的基层法院，共同打造自媒体品牌，该运营模式有三大优势：一是集约人力资源。中级法院一般设有专门的宣传部门，具备宣传人员和宣传资源的优势；也可统筹基层法院的宣传人员，共同维护自媒体的日常更新运营。二是解决基层自媒体素材面狭窄的限制。基层法院的平台局限，尤其偏远地区的法院，工作素材难以保证"日更"甚至"周更"的需求，案件特点也难以实现宣传的普适性。因此由中院统筹辖区基层法院多点上报，无疑将充实市级层面的自媒体内容，扩大宣传效果。三是可以协调带动其他工作的开展。近年推广的"智慧法院""诉讼服务中心"等信息化专项建设，大多需要市级乃至省级法院的统筹开发，由上级法院统一协调，尤其是信息化与自媒体新功能的结合，将节省开支，实现集约的优势。

四、结语

法院开通自媒体，符合时代发展的特点，对法院宣传乃至审判执行工作具有积极作用。但如果仅从数量上增加，无法发挥其最大的功能效应。所以本文呼吁应重视法院自媒体的内在发展，要在坚持司法特色的情况下，让法院自媒体在理念上更新、管理上创新。法院未来的宣传工作，难免会遇到舆论的"战场"，在面对外界舆论的冲击时，法院需要自媒体的辅助。"工欲善其事，必先利其器"，所以要在"舆论战"中占据先利，必须树立好法院的自媒体口碑，树立公信力。因此，打造自媒体这一司法品牌，是必要且有价值的。

（初审：谢进杰）

论　文

Articles

从“个案智慧”到“类案经验”：指导案例裁判规则的发现及适用研究

谢春晖*

【提 要】 司法责任制改革有利于审判权的独立运行，但一直面临同案能否同判的现实质疑。从裁判者的思维路径来看，面对法律疑难时，求助于先例经验成为潜意识的思维倾向。故整体、稳定的司法经验，是消解法律适用分歧，平衡司法能动性与谦抑性的内修之法。因此，最高院建立案例指导制度，并以“总结审判经验，统一法律适用”作为其核心价值。然而，由于裁判者对指导案例的参照力、参照对象及功能认识模糊，最高院亦未对参照方式予以指引，指导案例在实践中适用率偏低，且出现裁判规则大前提化、法律关系混淆、关键事实把握不准等误区。为形成规范化的参照技艺，本文以案例文本为研究起点，立足成文法语境，厘清指导案例的参照力、参照对象及功能，并在此基础上，提出“三阶段”的适用方法：一是发现阶段，以争议问题为导向，结合裁判要点与裁判理由归纳指导案例裁判规则；二是推理阶段，对裁判规则进行演绎解构，确定作为同案识别点的“关键事实”，并运用类比技术判断两案关键事实能否适用相同的法律评价；三是验算阶段，回归规范语义脉络，运用情势权衡，对推理结论的适法性和适切性进行检验和评估，并针对适用效果偏差，对裁判规则进行调适与修正，使“个案智慧”转化为“类案经验”。

【关键词】 个案　类案　指导性案例　审判经验　司法智慧

* 广东省广州市中级人民法院金融审判庭法官。Email：xiechunhui88@163.com。

引言

司法责任制改革后，法官的自主判断权和自由裁量权将进一步增强，可能引发裁判标准不统一、同案不同判的现象。仅靠审监“外力”无法塑造实践理性，立法完善亦难避免解释偏差，稳定、整体的司法经验，才是消解认识分歧，平衡司法能动性与谦抑性的“内功”。为此，最高院颁布指导案例，试图通过自上而下的行政化逻辑传承司法经验，并在《最高人民法院关于案例指导工作的规定》中明确“各级人民法院在审判类似案件时应当参照”，但对于如何“参照”，最高院未予指引。从个案中挖掘具有指引意义的审判逻辑，不仅需要统一的规则发现机制，也需要科学、规范化的参照技艺，方能保障对案例文本的解读不失偏差，使“个案智慧”演化为具有普适性的“类案经验”。

一、检视：指导案例应用之现实图景

截至2016年6月，最高院发布了12批共60件指导案例。其中，民商事纠纷案例共28件，占比46.67%，但在实践中的应用情况并不理想。

（一）宏观视角：指导案例应用现状实证分析

笔者以“指导案例×号”或“指导性案例×号”为关键词，在中国裁判文书网中对每件民商事指导案例的适用情况进行检索，仅有131条结果，[1]适用率占民商事案件总量不足万分之一。但上述检索方式无法反映隐性援引的情况，即法官实际上援引了指导案例，但在裁判文书中未予明确说明。为调查实务界对指导案例的态度及认识，笔者向G市两级法院民商事法官发送了128份问卷，收回有效问卷112份，现将调研情况统计如下（图1、图2、图3）：

---

〔1〕 统计时间截至2016年6月14日。

您认为指导案例适用率低的原因是什么

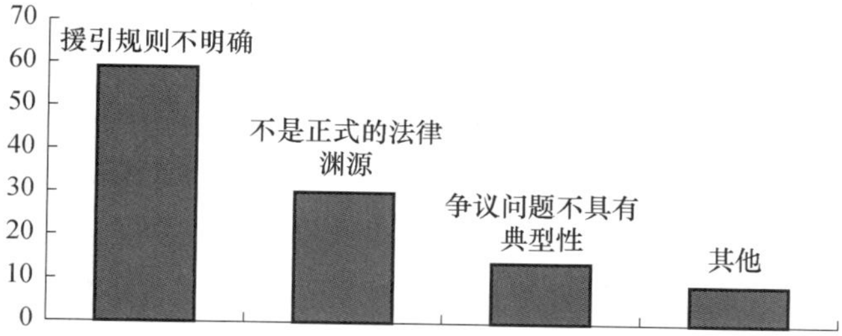

图 1

您会选择何种方式参考指导案例

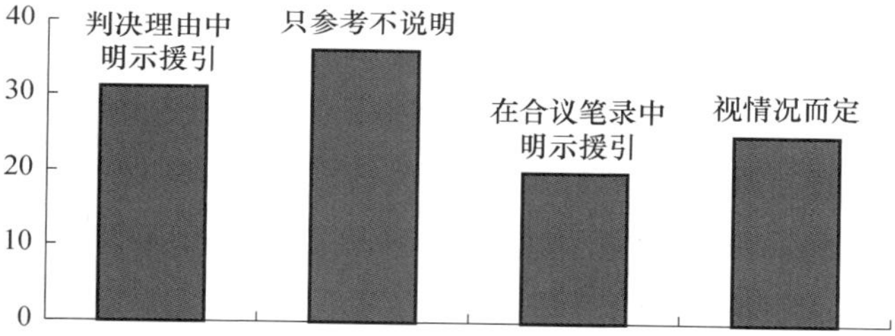

图 2

您认为指导案例中具有参照力的内容有哪些

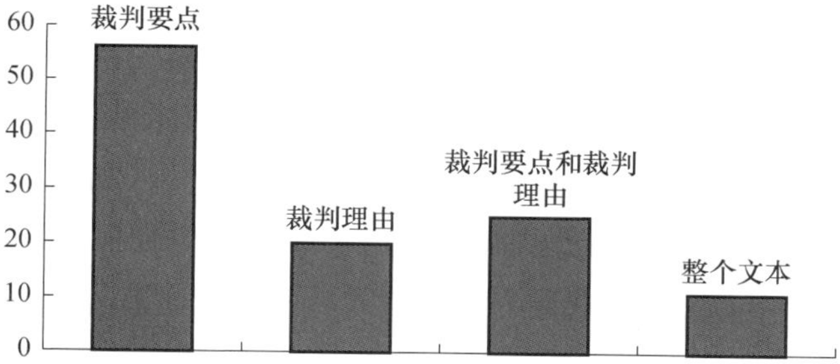

图 3

从上述情况来看，指导案例适用率低固然存在法源地位低、典型性不足等内在因素，但最高院并未对指导案例的参照方式给予指引，也导致下级法院在参照指导案例时无所适从，导致参照对象不明确、参照方式不统一。

(二)微观考察:指导案例裁判规则适用误区

结合131份民事裁判文书对指导案例的参照情况,笔者发现指导案例的适用存在以下误区:

1. 演绎式援引为主,论辩式推理不足

对于指导案例的参照,目前的司法实践中存在“个案规则”大前提化的倾向。部分法官将指导案例的裁判要点视同于司法解释,在适用过程中,直接依据“裁判要点”进行演绎分析,判断待决案件是否存在裁判要点中的事实要件,而未围绕讼争焦点,对待决案件与指导案例是否具有相同的适用前提、法律关系语境等进行分析,对于当事人援引或抗辩指导案例适用的理据,也缺乏一种对话式的回应。前述131份裁判文书样本中,甚至有39件案例直接援引裁判要点导出法效果,而未进行推理过程的正当性证明。如对于交通事故中残疾赔偿金的计算是否考虑受害人体质的参与度时,有判决[1]直接指出:“参照指导案例24号,受害人的体质状况对损害后果的影响不属于可以减轻侵权人责任的法定情形,残疾赔偿金不应按参与度予以计算”,并未对该案与指导案例中受害人的过错予以不同考虑。

2. 背离规范价值,混淆法律关系

指导案例的指导性在于指导法律适用,对指导案例的解读,离不开对法律规范本身的解读,法律规范的立法目的、价值取向不仅是指导案例裁判规则的形成依据,也是证成待决案件裁判结果的重要基准。因法律规范往往适用于特定的法律关系或主体,故裁判规则适用不可贸然超越规范本身所调整的法律关系。例如,指导案例15号将法人人格否认制度扩大适用于“关联公司”,有观点认为劳动者可据此向关联公司主张报酬请求权[2],然而,人格否认制度是公司法人独立的例外规定,只有在公司独立人格被滥用并严重损害债权人利益时方可适用。通常而言,劳动关系争议标的额较小,“滥用”法人人格逃避报酬支付的意图实难认定,不可贸然适用人格否认制度。再如,对于受害人自身体质是否影响侵权责任分担,指导案例24号裁判要点明确:“交通事故的受害人没有过错,其体质状况对损害后果的影响不

---

〔1〕 详见四川省阆中市人民法院(2014)阆民初字第4895号民事判决书。

〔2〕 详见广东省珠海市中级人民法院(2015)珠中法民一终字第390号民事判决书。

属于可以减轻侵权人法定责任的情形”，该裁判要点常常被法官或当事人用于医疗侵权关系以及个人之间的交通事故侵权关系，结合裁判理由，其裁判规则论证过程实质分两个层次：一是受害人体质状况不属于侵权责任中的过错；二是交强险立法并未规定在确定交强险责任时应依据受害人体质状况对损害后果的影响做相应扣减。笔者认为，交强险的赔付原则是有损害即有赔付，并不以侵权人的责任为赔偿依据，故该裁判规则适用于保险责任关系并不意味着可泛化适用于其他类型的侵权关系。

3. 忽略关键事实，偏离适用前提

关键事实是对裁判结果产生实质性影响的事实，是决定同案同判的关键。如对于二手房买卖中“跳单”违约的认定，指导案例 1 号明确如下处理思路：“当卖方将同一房屋通过多个中介公司挂牌出售时，买方通过其他公众可以获知的正当途径获得相同房源信息的，买方有权选择报价低、服务好的中介公司促成房屋买卖合同成立，其行为并没有利用先前与之签约中介公司的房源信息，故不构成违约。”根据上述思路，判断不构成违约的关键事实是“通过其他公众可以获知的正当途径获得相同房源信息”和“买方选择报价低、服务好的中介公司促成房屋买卖合同成立”。平度市百顺房屋经营部诉王某居间合同纠纷案[1]与该案案情相似，但法院基于以下事实认定跳单违约：(1) 原告先于其他中介向被告提供房源信息服务；(2) 被告至少利用了原告提供的信息进行了价格比对；(3) 原告带领被告看过房屋，为被告提供了服务。然而，指导案例并不强调提供房源信息的先后之分，价格比对、看房服务虽在指导案例案情中出现但判决理由部分未予理涉，故上述事实对案件定性不产生实质影响，以上述事实排除指导案例的适用值得商榷。

二、反思：指导案例类型及参照对象分析

指导案例适用的误区，反映出裁判者对其参照力[2]、参照对象及功能认识模糊，有必要在成文法语境下予以厘清。

---

〔1〕 详见山东省平度市中级人民法院(2015)平商初字第 2460 号民事判决书。

〔2〕 本文所称指导案例的参照力是指导案例对后案裁判的作用力。

(一)本质探源:指导案例参照力分析

《〈最高人民法院关于案例指导工作的规定〉实施细则》第十条规定:"各级人民法院审理类似案件参照指导性案例的,应当将指导性案例作为裁判理由引述,但不作为裁判依据引用。""不得作为裁判依据援引"和"应当参照"看似二律背反,实质揭示了指导案例参照力的双重性质:一是"柔性参考"。成文法语境下,指导案例规则只能作为一种非正式的法律渊源,而非司法解释的"零售",无法成为法律适用的大前提,仅在法律解释、事实认定方面提供一种直观的参照或具体的指引。由于不具有法律效力,也意味着其裁判规则可以在实践中被修正、调适,甚至是合理化的背离。二是"刚性约束"。"应当参照"体现了指导案例的事实拘束力,这种拘束力一方面来源于案例发布机关的权威地位,对其裁判规则的违反可能导致案件被改判;另一方面,指导案例妥善处理了司法实践中的疑难、争议,其对法律的解释、丰富和发展,已成为一种上级法院认可的实践理性,这如同裁判规则的"供给侧"补充,在同案同判的司法语境下对类型案件裁量权产生约束。

(二)经验载体:指导案例参照对象分析

江必新法官认为,指导性案例通过总结提炼法官审判经验、思维方法和价值追求,形成蕴涵着丰富的法律精神和法学理念的"裁判规则",从而发挥规范类似案件裁判的作用。[1] 裁判规则是法官经验与智慧的结晶,也是统一裁判尺度,约束自由裁量权的理性准据。指导性案例的参照过程,也就是对其裁判规则发现与适用过程。要从个案中总结裁判规则,首先要明确指导案例的参照对象。

对于指导案例中什么内容具有参照力,理论界存在不同观点:第一种观点认为,只有由最高院从生效判决对法律争点的阐释中所甄别、筛选并在裁判摘要中予以体现的裁判要点才具有拘束力或指导力,而未被裁判摘要确认的,则只是该案件中审理法院的立场,并不代表最高院的立场,不具有后

〔1〕 江必新:《以法学方法论立场阐释个案的裁判规则》,载《最高人民法院指导性案例裁判规则理解与适用》,北京:中国法制出版社,2014年,第3页。

案参照力。[1] 第二种观点认为指导性案例中具有指导性的部分,应当是判决中所确立的法律观点或对有关问题的法律解决方案以及对该观点或方案的法律论证。[2] 第三种观点认为,中国指导性案例的拘束力载体应当具有双重性,既有案例指导规则,也包括案例本身的决定性判决理由。[3]

笔者赞同第三种观点。首先,裁判要点是对具有指导意义的重要裁判规则、理念或方法的简要归纳,其简明性决定其本身并非完全等同于裁判规则。裁判规则适用的法律关系前提、主体要件等可能在要点中略去,需结合裁判理由方可准确还原。其次,最高院相关负责人提出:“法官在审判案件时,处理不相类似案件时,可以参考指导性案例所运用的裁判方法、裁判规则、法律思维、司法理念和法治精神。[4] 上述内容难以在裁判要点中反映,却见诸于裁判理由的论证过程,形成一种极具指导性的思维经验,为回应法律争议提供论据参考。正如麦考密克所言:“司法意见中具有证成的理由才具有规范属性,而只有这种规范性的意见才能形成法律,或者为解释法律提供指引。”[5]最后,从我国指导案例实践来看,也出现裁判要点超越基本案情的情况,如指导案例 9 号所涉争议是有限责任公司股东的清算责任,而其裁判要旨将责任主体扩大至股份有限公司的董事和控股股东,故扩大部分在适用上不具有指导性。

概言之,裁判要点和裁判理由的结合,方可形成裁判规则。脱离裁判要点去谈指导性,可能将参照实践异化为“断章取义”式的援引,缺乏对裁判规则的准确把握;脱离裁判理由去适用裁判要点,则可能导致“削足适履”,忽略了参照力的同案前提。

(三)功能审视:基于指导作用的类型划分

法律规范的逻辑表达式可以理解为:A(类型事实) + B(类型事实) = C

---

〔1〕 李友根:《论指导性案例的约束力范围》,《苏州大学学报(哲学社会科学报)》2011 年第 4 期,第 67 页。

〔2〕 张骐:《中国司法先例与案例指导制度研究》,北京:北京大学出版社,2016 年,第 153 页。

〔3〕 杨力:《中国案例指导运作研究》,《法律科学(西北政法大学学报)》2008 年第 6 期,第 45 页。

〔4〕 胡云腾:《人民法院案例指导制度的构建》,登载于法制网,网址:http://www.legaldaily.com.cn/,访问时间:2016 年 6 月 2 日。

〔5〕 Neil MacCormick, Rhetoric and The Rule of Law: A Theory of Legal Reasoning, Oxford University Press, 2005, p. 99.

(法效果),以裁判规则的具体指导作用为标准,可将指导案例划分为以下三种类型(如表1):

1. 涵摄型指导案例

其参照力主要在于为法官在审理类似案件时提供一个事实认定的参考,表达方式通常是"a(案件事实)属于A(类型事实)"。有时候也体现为一种要件排除,通过案件事实具备或缺乏某特征(F)是否影响小前提的认定,重申法律概念的规制范围。

2. 解释型指导案例

该类型案例的指导性在于结合个案情景,对作为规范构成要件的某一法律概念(B)的内涵加以揭示,或依其文义进行解释,将规范类推适用于与其具有同质性的事实(B1)。

3. 漏洞填补型指导案例

所谓法律漏洞,是指对于涉案法律问题,法律文义上未予规定,但依法律目的及法律规范的一致性应予规定的情况。例如,法律仅规定 A + B = C,实践中出现了新的事实 D,虽然 D 不属于 B 的文义范围,但基于立法目的,对具备事实 A 的案件应赋予相同的法律后果 C,故法官需要借助类推、目的性限缩与扩张、价值衡量等创造性解释方法补充规则:"A + D = C。"

表1 将各种类型案例裁判规则的表达式及实例

指导案例类型	逻辑表达式	实例
涵摄型	$A+(B\pm F)=C$	消费者购买到不符合安全标准的食品,不论其购买时是否明知,都可以依照食品安全法请求赔偿。(指导案例23号)
	$a\in A$	通过"人工授精"出生的子女属于"婚生子女"。(指导案例50号)
解释型	X(要件) + Y(要件) = B	判断"公司经营管理是否发生严重困难",应从公司组织机构的运行状态进行综合分析。(指导案例8号)
	$B1\approx B \Rightarrow A+B1=C$	公司法第二十条中的人格混同适用于"关联公司"。(指导案例15号)
漏洞填补型	$A+B=C \Rightarrow A+D=C$	专利权人无权禁止他人对专利临时保护期内制造、销售、进口的被诉专利侵权产品的后续使用、许诺销售、销售,但可以依法要求临时保护期内实施其发明的单位或者个人支付适当的费用。(指导案例20号)

三、重构:指导案例裁判规则的参照路径

在成文法国家,法律适用通常采取演绎的思维模式,从大前提法律解释,到小前提案件事实认定,最后推导出判决结论。而指导案例的参考,很大程度上需要借助类比的识别艺术,要实现两种司法技艺的无缝对接,促进类案经验的形成,须遵循“三阶段”参照路径。

(一)规则发现阶段:“裁判要点”与“裁判理由”往返顾盼

1. 通过争议焦点定位裁判要点

《最高人民法院关于案例指导工作的规定》出台后,最高法院研究室负责人在答记者问中提到,类似案例不仅指案情类似,更重要的是指争议焦点类似。[1] 司法的谦抑性原则使得裁判仅需要围绕争议焦点而进行,司法过程是经验理性的体现,即使在成文法国家,在法律适用产生争议时,寻求先前的司法经验也成为法官潜意识的思维倾向。指导案例中,裁判要点往往既是对个案裁判规则的概括提炼,也是对涉案争议问题如何处理的回应。如果指导案例对类似的争议问题提供了解决方案,那么这个争议问题将成为连接两个案件的桥梁。因此,寻找可参照的先例范本首先要梳理待决案件的争议问题,然后以争议焦点为线索,定位可供参考的裁判要点。

2. 通过裁判理由还原裁判规则

指导案例中,裁判要点通常是一种结论命题,目的在于赋予某种类型事实一定的法律意义或法律后果,而未能反映其所为决定的理由。而裁判理由涵盖的方面则较为宽泛,既包括对事实认定和法律适用说理的过程展示,也包括裁判规则形成之法理、公共政策选择和价值权衡等司法考量范畴。故裁判要点需结合裁判理由方可还原完整的裁判规则。拉伦茨认为:“制作司法先例的法官首先考虑的是他所裁判的事件,这些要旨不过是裁判理由中蒸馏出来的结晶,与案件事实密切相关,在很大程度上本身也需要解释。”[2] 从我国指导案例实践来看,以下要素可能需从判决理由中寻找:(1)裁

---

〔1〕 冯文生:《审判案例指导中的“参照”问题研究》,《清华法学》2011 年第 3 期,第 90 页。

〔2〕 [德]卡尔·拉伦茨:《法学方法论》,陈爱娥译,北京:商务印书馆,2015 年,第 233 页。

判规则的适用前提。完整的规范模式应该是“假设前提 + 行为模式 + 法律后果”，而“假设前提”往往难以在精简的裁判要点中详尽。如指导案例9号中裁判要点明确公司股东的清算义务，其适用前提“公司的主要财产、账册等均已灭失，无法进行清算”见诸判决理由部分，仅因未履行清算义务为由诉请股东赔偿的，不能获得支持。(2)裁判过程所应遵循的思维规则。这种思维规则是以立法价值为导向，体现于事实认定的次序性、利益保护的优位性等裁判考量，是指导案例的实践品格，使“自发”思考转向“自觉”裁量，决定了法律推理的方向。

对于涵摄型案例，事实特征吻合程度越高，可参照性越强，必须尽可能地从裁判理由中挖掘“假设前提”用于“同案”识别。对于解释型、漏洞填补型案例，法律解释方法相一致是参照的应然要求，故需要从判决理由中对解释方法进行归纳。

(二)推理阶段："演绎推理"与"类比推理"二重协奏

在确定争议焦点相同后，两案能否适用同样的裁判规则，还需经过“同案判断”的推理过程：一方面要对先例裁判规则的内涵或构成要件进行演绎分析，寻找“同案”识别点；另一方面要运用类比推理技术，结合识别点，判断争议问题在指导案例及待决案件中能否适用相同的法律评价。

1. 确定识别点：裁判规则要件的演绎解构

从诠释学的角度而言，裁判规则所涉法律规范的解释方法，是“描述性”的，而非“定义性”的，在抽象程度以及普适性上远低于司法解释，故具有不周延性，导致后案法官无法脱离具体的案件事实去理解和适用规则。拉兹指出：“只有案件的判决根据具有约束力。法官从未宣布管辖法律某个完整领域的规范。”[1]法官的智慧，仅体现为以当下的案件事实为根据作出正当的裁判，裁判规则能否适用于后案，非其所虑。遵循先例体现形式正义追求，为从形式合理性的角度去巩固裁判的合理性基础，同案的比较应是以案件事实的法律特性为线索，来确定两个案件的事实在整体上是不是涉及相同的法律问题，是不是属于同样法律性质的案件。[2]

---

〔1〕 [英]拉兹：《法律的权威》，朱峰译，北京：法律出版社，2005年，第3页。

〔2〕 张志铭：《中国法院案例指导制度价值功能之认知》，《学习与探索》2012年第3期，第67页。

然而,不同案件的众多事实特征中,何为关键事实,哪些事实的差异可以排除指导案例的适用?笔者认为,古德哈特提出的以下确定方法可以借鉴:法官应当以关键事实为基础来确定先例规则,通过关键性来指导后案法官哪些事实重要,哪些事实不重要。[1] 质言之,据以形成裁判规则的事实属于关键事实,构成“同案”比对的识别点。因此,确定识别点需要对裁判规则进行演绎解构,将其还原为“假设前提+行为模式=法律后果”的模式:

(1)“假设前提”通常是由处于裁判规则上位的法律规范决定。一方面,规范调整的对象是特定的法律关系、法律主体和诉讼请求,裁判规则是法律规范的具体化,其效力场域当然不能超出上位法律规范的效力场域。因此,在“同案”比对过程中,两案所涉法律关系、法律主体和诉讼请求都构成识别点,必须具有性质上的一致性。另一方面,法律规范的构成要件是法律效果的先决条件,也应构成同案比对的识别点。例如,指导案例24号适用的法律依据是侵权责任法,故侵权责任中的主体要件、过错、因果关系等,都构成同案比对的识别点。因指导案例是在受害人无过错的前提下讨论损害参与度问题,若待决案件中受害人存在过错,则裁判规则不予适用。[2]

(2)“行为模式”往往在裁判要点中强调,单凭裁判规则的结构特征,无须借助相关法律规范即可演绎得出。通常而言,“行为模式”是一定“类型化的事实”,与行为相关的具体人物、地点、数量、时间和种类等事实由于不具有类型化意义,往往不属于关键事实,但是,当法官在裁判理由中陈述,且以此为法律判断的依据,则构成关键事实。[3] 如指导案例47号裁判要点指出,对知名商品特有的包装、装璜,进行足以引起市场混淆,误认的全面模仿,属于不正当竞争,而知名商品的判断,需要结合销售时间、销售区域、销售额和销售对象认定。故进行同案比对时,商品销售的时间、地点、数量都应作为待决案件中侵权对象能否构成知名商品的关键事实。

2. 比较识别点:关键事实的类比分析

对识别点的比较,涉及法律事实的两个认知层次:一是以感官和经验为基础的事实判断。指导案例提供了事实认定的参照,恢复了感觉、知觉等感

---

〔1〕 Arthur L. Goodhart, Determining the Ratio Decidendi of a Case, The Yale Law Journal, Vol. 40, No. 2, 1930, p. 169.

〔2〕 详见山东省高级人民法院(2013)鲁民申字第1287号民事裁定书。

〔3〕 Arthur L. Goodhart, Determining the Ratio Decidendi of a Case, The Yale Law Journal, Vol. 40, No. 2, 1930, p. 182.

性认识在司法过程中的正当地位，某些事实要件的相似性，仅透过物理观察即可确证。如指导案例19号中的"套牌车"、指导案例17号中的"汽车消费"，借助直观感知即可比对。某些事实，则需要依社会经验探知法律社会中之人对其可能有的共通看法[1]，方可确定相似性。如待决案件是否具有指导案例15号中"人员、业务、财务混同"的特征，需结合商业习惯予以判断。二是借助法律目的作为价值判断。当待决案件事实与指导案例事实存在感知层面的差异时，并不意味着其应为法律所区别对待。拉伦茨认为，在确定案件事实相似性时，第一要积极地确定待判的案件事实在所有这些要件上，与指导性案例已经判定的全部要件全都一致；第二要消极地确定二者的不同之处不足以排斥上述法定评价。[2] 因此，事实的同质性是指法律评价上的同质性，当直观感知中的事实并不具有表象上的相似性，就要借助法律规范的整体目的、基本法理去判断两种事实在法律评价上是否存在一致性。需注意的是，上述两个认知层次并非泾渭分明，某些事实判断的过程本身就带有法律评价性质。

对于涵摄型指导案例，其规范对象是具备一定特征的事实，抽象化程度较低，故比对的关键在于事实判断，往往在感知与经验层面即可判断事实要件的一致性。对于解释型指导案例，其是从法律评价一致性的角度，提供了对特定法律概念理解的正确子集，因此待决案件中对特定法律概念的解释结果必须落在这一子集的范围。而对于漏洞填补型案例，其是以法律的整体价值理念作为漏洞填补的实质依据，故待决案件事实与指导案例事实必须在价值评价上具有高度一致性。

（三）验算阶段："适法性"与"适切性"的双向权衡

上述推理步骤完成后，可基本确定案件事实具有一致性。此时，法官仍需运用恰当的检验和评估方法，对推理结论的适法性和适切性予以证明：

1. "适法性"论辩分析：以规范的整体语义脉络为原点

"同案同判"的实践理性并不意味着法官可以"引用他例以为判断之基准"，裁判规则表述虽然具有规范特征，但本身不能成为权利的正当化依据。

---

〔1〕 黄茂荣：《法学方法与现代民法》，北京：法律出版社，2007年，第250页。

〔2〕 [德]卡尔·拉伦茨：《法学方法论》，陈爱蛾译，北京：商务印书馆，2015年，第258—259页。

对裁判规则的援引并不免除法官对大前提的寻找义务。固定权利请求，审查权利基础，并围绕权利基础认定事实仍是裁判的应然逻辑，指导案例仅是为法官提供了裁判思路和裁判结果上的指引，而非“为同类案件确定一个具体的标准”[1]，概言之，这是一个“法条对照＋个案参考”的对焦过程。

因此，在法律论证上，还需要考虑两个“适法”层次：一是推理结论必须能从规范大前提中演绎得来，即以规范的语义脉络为起点，判断结论是否符合法律解释结果的可能范围，是否符合法律规范的理念与目的；二是要考虑法律体系的内部协调性，以体系化的方法，在整个法秩序内考察推理结果的正当性。尤其对于涵摄型案例的参照，待决案件事实必须归入特殊法与一般法的双重语境，方可验证其法律属性。例如，指导案例30号是关于使用他人商标是否构成不正当竞争的认定，参照时不能仅考虑经营者之间是否存在竞争关系，是否损害竞争对手利益等客观行为。不正当竞争作为特殊的侵权行为，侵权责任法中的过错责任原则仍然适用，若待决案件中被告经营者无主观恶意，指导案例不予适用。

2.“适切性”证明方法：综合情势权衡

“同案同判”仅可满足指导案例适用的形式正义的要求，要实现实质正义，还需要综合运用价值权衡、政策权衡、利益权衡方法衡量推理结论的社会效果。政策权衡是指要考虑推理结果是否符合公共政策偏好；价值权衡是指在适用案例时应切实考虑到指导案例和待决案件之间社会价值的变化；而利益权衡是指当事人的机会及危险、利益与负担必须处于一种适当的平衡状态。尤其对于解释型、漏洞填补型指导案例，其实质是在借助法律的价值目标，去界定法律的调整范围，分配正义在当事人之间的实现比例，在参照过程中应妥善处理不同主体的利益形态和利益追求。例如，指导案例53号填补了特许经营权质押的立法空白，契合国家鼓励金融创新、提升基础设施项目融资能力的政策意图，也是对债权人、债务人利益关系的合理平衡。对于其他种类的特许经营权能否适用此规则，除需满足质权公示性、收益确定性等要件外，也应考虑该种类特许经营权出质是否符合公共政策目的，能否平衡债权人、债务人双方利益而综合认定质权的效力及实现方式。

3. 权衡与调适：司法经验的实践品格

由于价值、利益、政策在社会发展中并非恒定不变，兼具“适法性”与“适

---

〔1〕 姚辉：《民事指导性案例的方法论功能》，载《国家检察官学院学报》2012年第1期，第18页。

切性”的先例裁判，在遇到不同的实践问题时，可能会出现“橘生淮北则为枳”的效果反差。“个案智慧”到“类案经验”，必然经历一个继承、批判与修正的发展过程，博登海默指出，判例的整体发展过程可以逐渐地划定第一个试图确立某项法律规则的法院所无法明确规定的该项原则的外部界限。[1]在遇到指导案例未曾考虑的事实细节，若适用其裁判规则可能引致利益保护失衡、违背立法初衷时，法官有义务将本案事实细节作为调适先例规则的附加事实理由，对先例规则的内涵和外延进行符合相关法律目的的修正解释，使类型案件的处理经验不断成熟，演化为契合实践发展需求，为法律共同体认可的整体经验。仅当指导案例与新的法律、行政法规或者司法解释相冲突时，法官不宜参照，而应直接依据法律进行裁判。

四、结语

案例指导制度搭建了从“同案”通往“同判”的桥梁。然而，要实现裁判尺度的规范与统一，纾解法意融贯性与文义多元性的结构性张力，有赖于整体司法经验的形成。从“个案智慧”到“类案经验”，官方的宣传推动固然重要，成熟的参照技艺也必不可少。有必要通过司法解释明确指导案例裁判规则的发现及适用机制，给参照者提供指引，方可使“官方范本”获得更多“民间支持”。“法一成而难变，例以渐而有加”，规范化的参照机制，也将砥砺指导案例的实践品格，使个案经验历经调适与修正，内化为裁判者的思维规则，从而统一法律适用标准，提升司法公信力。

（初审：谢进杰）

---

〔1〕［美］博登海默：《法理学：法律哲学与法学方法》，邓正来译，北京：中国政法大学出版社，2004年，第581页。

评　论

Comments

“以审判为中心”的实证图景与理想建构

——以2185份刑事裁判文书为分析视角

邓丹云、苏映霞*

【提　要】　在一宗刑事案件的审理中,合议庭与审判委员会对何为完整证据链以及疑罪从无的原则的适用存在不同的判断。为了查明全国范围内对于证据链的分析以及疑罪从无原则的适用情况,笔者在中国裁判文书网上搜索了2185篇与证据链是否完整存在争议相关的刑事裁判文书,借助某高校计算机学院的力量,进行了大数据分析。通过对宣告无罪的案件数据情况、对是否形成证据链有争议的案件数据情况、上诉法院是否存在证据分析的案件数据情况和样本中的罪名分布数据情况的检讨反思,从疑罪从无的原则未能得到有效贯彻、庭审实质化未能充分有效体现、相当部分裁判文书说理简单不透彻、审判委员会虚置合议庭的审理和同案同判的标准界定困难五个方面,论证了进一步推进以审判为中心刑事诉讼制度改革的必要性。由此提出了以审判为中心制度的多维构建的以下建议:一是完善疑罪从无原则的事实认定机制;二是明确证据不足的判断标准;三是从法庭辩论实质化、证据调查实质化和心证形成庭上化的方面全面落实庭审实质化;四是强化刑事裁判文书的说理;五是理性看待同案同判问题。

【关键词】　以审判为中心　实证图景　理想建构　刑事裁判文书

* 作者邓丹云,广东省广州市黄埔区法院知识产权庭庭长、审判委员会委员、审判员;作者苏映霞,广东省广州市黄埔区法院知识产权庭法官助理,Email:hpfyzct@163.com。

引言

一宗刑事案件，案情很简单：汤某某被公诉机关指控犯有盗窃罪，证据为其他已被追究刑事责任并被羁押在不同场所的三名“同案人”的指认供述。该三人因2014年5月1日盗窃某地的绿化树分别被追究刑事责任，在相继服刑后于2015年5月同时供述盗窃是由汤某某组织策划的，汤某某在2016年6月被抓获后随即被提起公诉，一审认定汤某某犯盗窃罪，汤某某不服上诉，被二审法院以事实不清为由发回重审。重审过程中，汤某某依然拒绝认罪，称在没有其他证据证明其参与盗窃的情况下，仅凭三个人的言语就将其定罪是错误的。合议庭经合议，多数意见认为，本案除了三名证人的证言直接指向汤某某犯有盗窃罪外，无其他客观证据包括物证、书证、现场勘查笔录和视频资料等可以佐证，在不能排除合理怀疑得出唯一结论时，应遵循疑罪从无的原则认定汤某某无罪。根据相关规定，本案拟宣告被告人无罪须提交审判委员会讨论。结果，审判委员会讨论时的多数意见为：三名“同案人”羁押于不同的场所，不存在串供的可能，也没有诬陷汤某某的必要，他们三人的供述存在细节上的出入，更说明符合人之常情，虽然公安机关因时间久远没有查到汤某某盗窃时所驾驶车辆的监控视频，但不排除汤某某没有驾驶车辆到现场，三名“同案人”的供述已形成证据链，故应判决汤某某犯盗窃罪。宣判后，汤某某坚称无罪，提起上诉。

二审的审理结果是维持原判，由此引发了笔者对类似此案审判的思考。自党的十八届四中全会以来，推进以审判为中心的诉讼制度改革持续进行，在2016年最高人民法院、最高人民检察院、公安部、国家安全部和司法部共同出台实施《关于推进以审判为中心的刑事诉讼制度改革的意见》后，最高人民法院又于2017年2月推出了《关于全面推进以审判为中心的刑事诉讼制度改革的实施意见》。本案的重审判决是在2017年5月，是否反映了以审判为中心的理念呢？法院做出的有罪判决，如何综合全案证据排除合理怀疑？“疑罪从无”的原则应怎样坚持？审判委员会与合议庭的多数意见不同时应否当然执行审判委员会的决定？“让审理者裁判，由裁判者负责”能否理解为“以审判为中心”的应有之义？当然，要解决这些问题，在理性思考的基础上，最好能有数据实证分析为依托，以分析此案的审判思路在全国范围内是普遍现象，还是只为个别反映？为此，笔者在中国裁判文书网上搜索了2185篇与证据链是否完整存在争议相关的刑事裁判文书，借助某高校计算机学院的力量，进行了大数据分析。

一、样本呈现：犯罪事实有无存在争议的刑事案件的数据分析

因是否形成完整证据链，能否排除合理怀疑，可否适用疑罪从无的原则，在裁判文书中没有统一表述，为尽可能最大化覆盖所要论述涉及的关联数据，本文以"不能排除合理怀疑""不能形成证据链""无法形成证据链""证据链缺失""疑罪从无"和"《中华人民共和国刑事诉讼法》第一百九十五条第三项[1]"作为关键词，于2017年6月9日在中国裁判文书网上搜索了2185篇法律文书，经过计算机去重处理253篇，分析1932篇。考虑到要体现各审级法院对同一案件的不同审判思路，除"《中华人民共和国刑事诉讼法》第一百九十五条第三项"选取了一审、二审和再审的全部文书外，其余关键词所对应的都是二审和再审的法律文书。

（一）宣告无罪的案件数据情况

用"《中华人民共和国刑事诉讼法》第一百九十五条第三项"搜索，共得到法律文书686份，其中一审、二审和再审的分别为281份、381份和24份，宣告无罪的分别是258份、274份和20份，分别占截至当日（2017年6月9日）已上传的全部一审、二审和再审刑事案件的0.01%、0.09%和0.2%。[2] 云南省、广东省、河北省、江苏省和广西壮族自治区一审判决无罪的案件数较多，分别为28件、24件、22件、15件和11件，占各省刑事一审案件的比例分别为0.04%、0.01%、0.02%、0.007%和0.01%；广东省、湖南省、河北省、江苏省和云南省二审判决无罪的案件数列居全国前五位，分别为28件、24件、22件、15件和15件，占各省刑事二审案件的比例分别为0.08%、0.14%、0.18%、0.1%、

[1] 现为《中华人民共和国刑事诉讼法》第二百条第三项具体内容为："（三）证据不足，不能认定被告人有罪的，应当作出证据不足、指控的犯罪不能成立的无罪判决。"

[2] 因裁判文书网的数据并非反映全国法院所审理的全部案件，故相关统计数字会与官方公布数字不同。但为了统计和分析的方便，本文关于各种比率的分析都是基于裁判文书网上的数字。《中国法院的司法改革（2013—2016）》白皮书透露，2013—2016年，全国各级法院共依法宣告3718名被告人无罪，共受理国家赔偿案件16889件，赔偿金额为69905.18万元。

0.15%；广东省、湖南省、浙江省和陕西省再审判决无罪的案件数相对较多，分别为8件、4件、2件和2件，占各省刑事再审案件的比例分别为1.33%、0.67%、0.26%和1.05%。一审宣告无罪的案号在2014年度的数量最多，有91件；二审宣告无罪的案号在2016年度的数量最多，达100件；再审宣告无罪的案号在2015年度的数量最多，有8件（见图1、图2、图3、图4）。

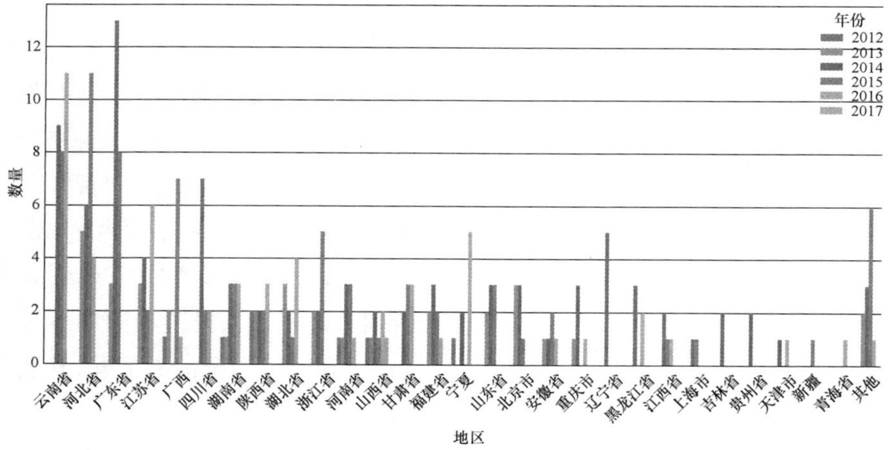

图1

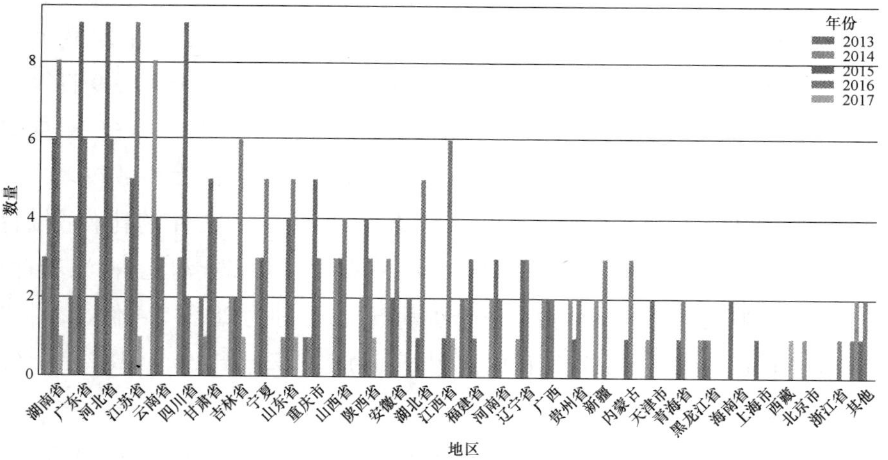

图2

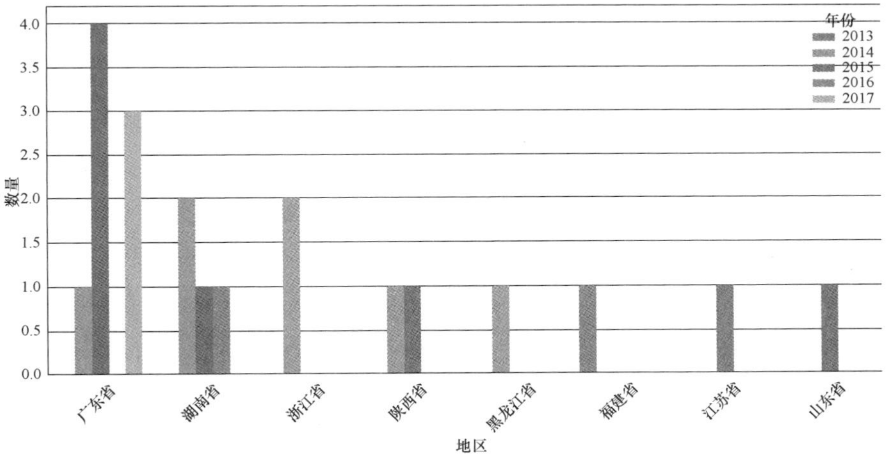

图 3

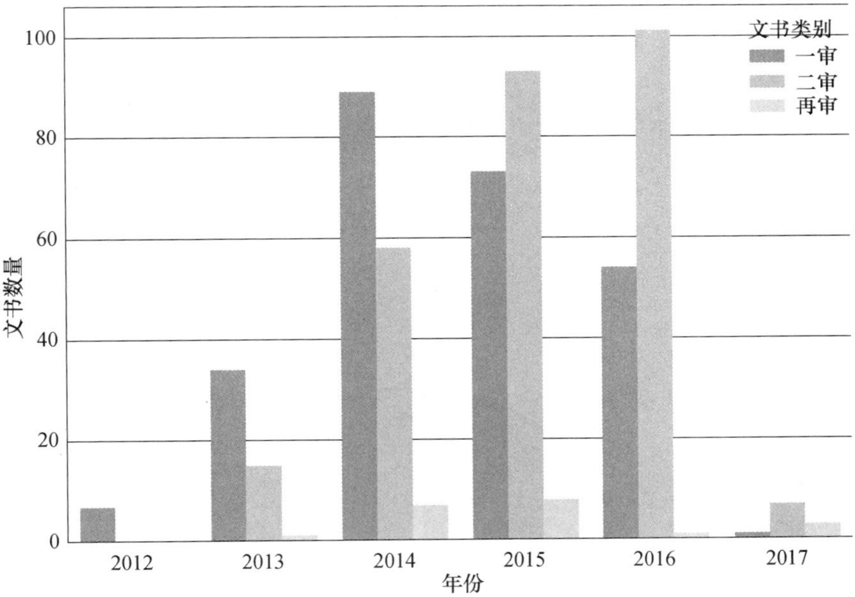

图 4

(二)对是否形成证据链有争议的案件数据情况

“《中华人民共和国刑事诉讼法》第一百九十五条第三项”所对应的二审和再审刑事裁判文书合计为 405 件,被告人不服一审判决有罪,认为不构成完整证据链应认定无罪的为 294 件,占比 72.59%;检察院不服一审宣告无罪,认为已可排除合理怀疑应当认定被告人有罪的为111件,占比27.410741%。经过二审或再审,宣告被告人无罪的合计为294件,占比72.59259%;维持原判的249件,占比65.4%;改判130件,占比34.1%,发回重审2件,占比0.5%(见图5、图6)。

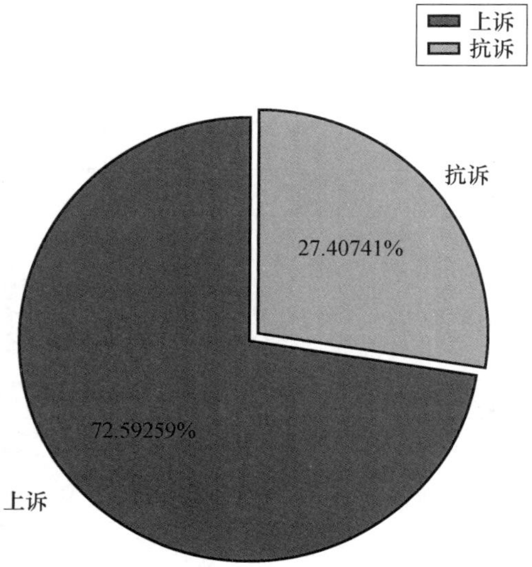

图5

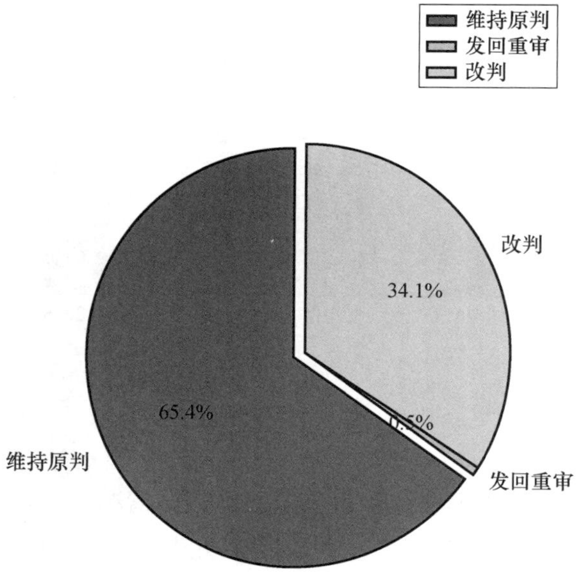

图6

其他关键词对应的二审和再审裁判文书为 1270 件,被告人不服一审判决有罪,认为不构成完整证据链应认定无罪的为 1101 件,占比 86.73%;检察院不服抗诉的为 169 件,占比 13.27%。二审维持原判的为 807 件,改判 432 件,发回重审的为 31 件,分别占比 63.5%、34.1% 和 2.4%(见图 7、图 8)。

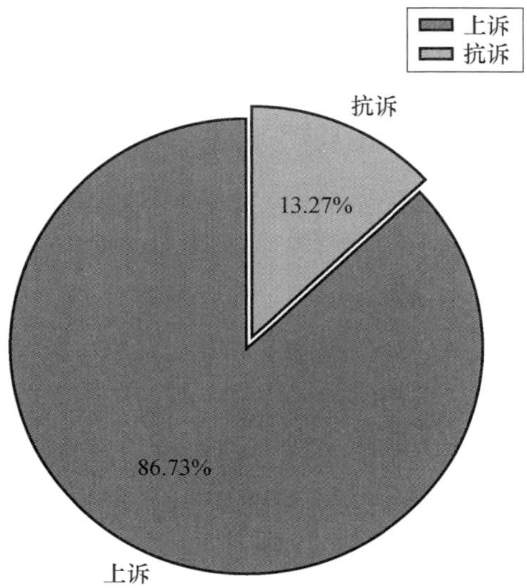

图 7　二审案件提起方式对比图

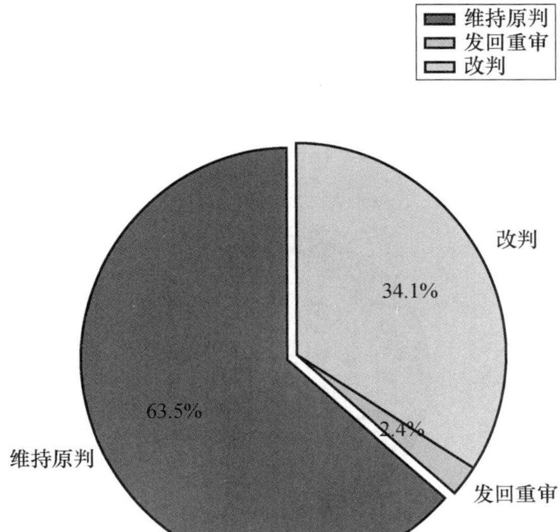

图 8　二审案件裁判处理方式对比图

（三）上诉法院是否存在证据分析的案件数据情况

面对当事人因是否存在完整证据链存在争议而提起上诉或抗诉，上级法院在维持或改判原审判决时，在计算机数据软件可以作出分析的二审和再审的1170份裁判文书中，可以看到对案件是否构成证据链有相应分析的为908份，占比77.6%；还有262份二审法院只是写明类似“本院查明的事实与原审法院查明的一致，予以确认”，而无任何的证据分析，占比22.4%（见图9）。

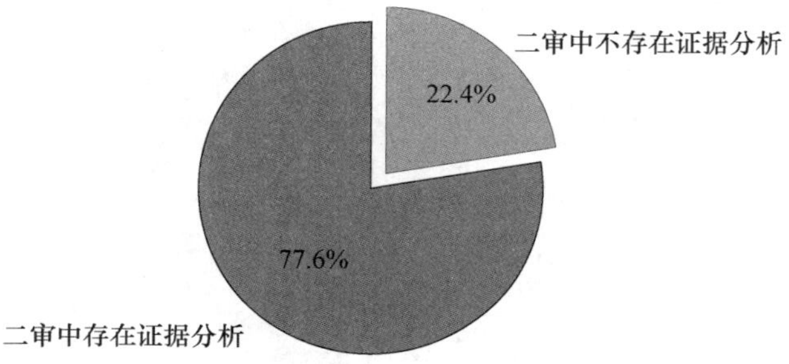

图9

（四）辩护人参与案件数据情况

“《中华人民共和国刑事诉讼法》第一百九十五条第三项”所对应的刑事裁判文书合计686份，有辩护人参与的为469份，占比68.4%。其他关键词所对应的二审和再审法律文书共1246份，有辩护人参与的为1077份，占比86.4%（见图10、图11）。

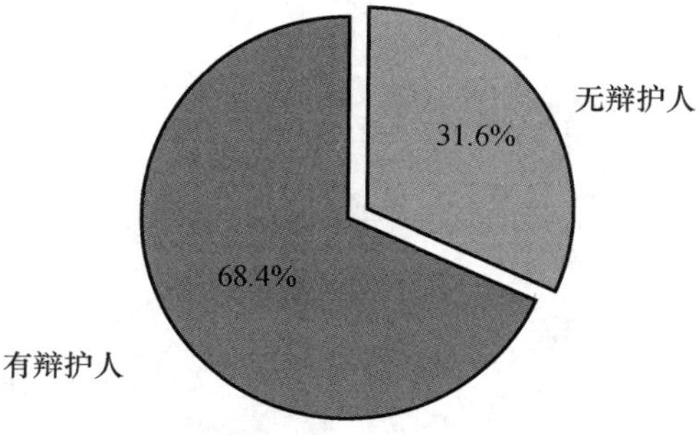

图10　195条裁判文书中辩护人参与情况

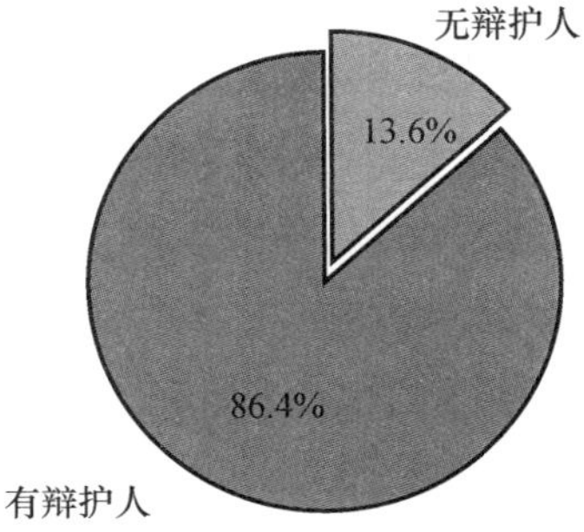

图 11　非 195 条裁判文书中辩护人参与情况

(五)罪名分布数据情况

“《中华人民共和国刑事诉讼法》第一百九十五条第三项”所对应的刑事裁判文书合计 686 份,涉及罪名 34 种,其中因故意伤害罪被提起公诉最终被宣告无罪的案件数量最多,为 52 件,占比 7.58%,其次为合同诈骗罪、诈骗罪、侮辱罪、交通肇事罪和寻衅滋事罪,分别为 8 件、7 件、7 件、5 件和 5 件,占比分别为1.17%、1.02%、1.02%、0.73%和0.73%。其他关键词所对应的二审和再审法律文书共 1246 份,提取罪名 88 种,其中被告人上诉因未形成完整证据链不应被定故意伤害罪的案件数量最多,为 112 件,占比 8.98%,紧随其后的为贩卖毒品罪、诈骗罪、受贿罪和盗窃罪,分别为 83 件、59 件、46 件和 39 件,占比分别为 6.67%、4.74%、1.02%、3.69%(见图 12、图 13)。

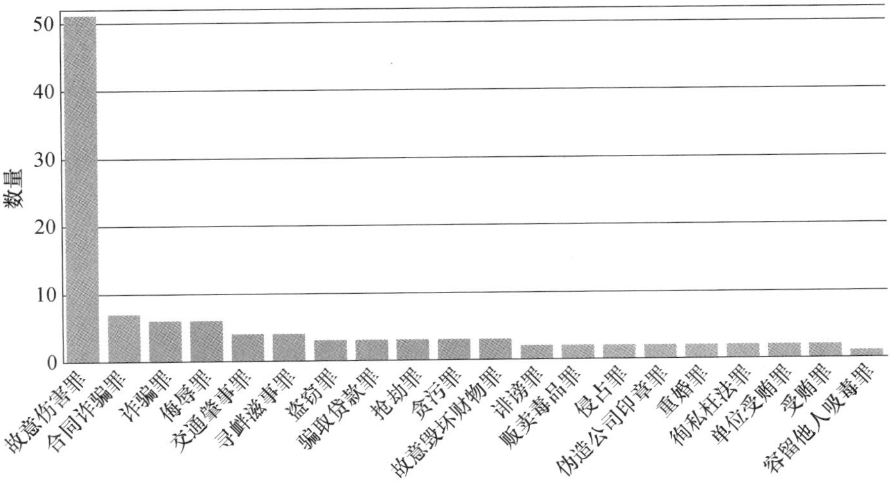

图 12

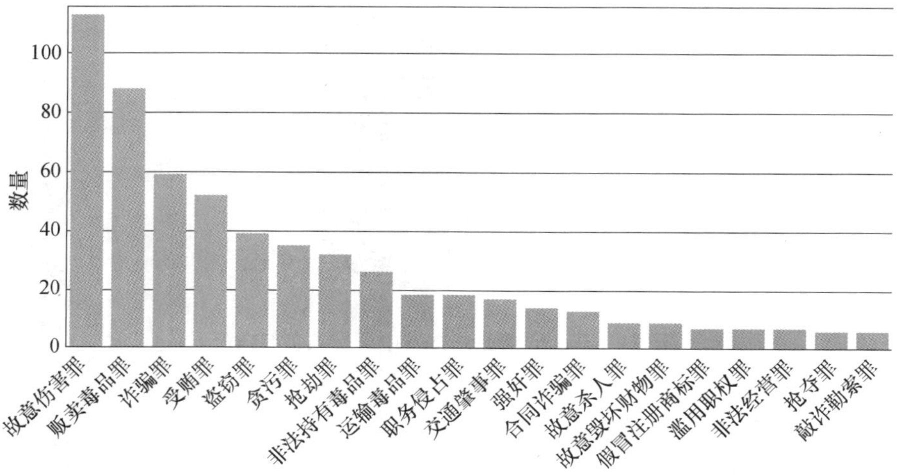

图 13

二、检讨反思：进一步推进以审判为中心刑事诉讼制度改革的必要性

在《关于全面推进以审判为中心的刑事诉讼制度改革的实施意见》中，最高人民法院在法院内部进一步作了“以审判为中心”的要求，明确以庭审为中心，并要遵照庭审规则进行。然而，通过以上数据分析，我们可以清晰地看到当前刑事案件审判过程中存在的诸多问题，推进以审判为中心的刑事诉讼制度改革确实既必要又迫切。

（一）疑罪从无的原则未能得到有效贯彻

最高人民法院审判委员会委员戴长林在出席《关于全面推进以审判为中心的刑事诉讼制度改革的实施意见》的发布会时，提出“推进以审判为中心的刑事诉讼制度改革，底线标准就是要切实防范冤假错案。”[1] 疑罪从无的原则，在我国 1996 年的刑事诉讼法就已明确，对证据不足的案件，审查起诉机关可以作出不起诉的决定。但是，该项原则在实践中未能得到有效贯彻，从中国裁判文书网上搜索到的近年来被判无罪的案件只占已上传的全

〔1〕 刘婧：《关于全面推进以审判为中心的刑事诉讼制度改革的实施意见》，载《人民法院报》2017 年 2 月 22 日。

部一审、二审和再审刑事案件的0.01%、0.09%和0.2%，个别省份的无罪判决率相对较高，最高也只是广东省在再审刑事案件中无罪判决率达到1.33%。“在大陆法系国家，刑事案件的无罪判决率一般在5%左右，英美法系国家的无罪判决率则通常高达20%，就连以‘精密司法’自诩的日本，其无罪判决率虽在1%以下，但也远高于我国千分之一的比率。”[1]显然，我国的无罪判决率过于低迷，然而，与之形成反差的是，刑事冤案不断曝光。在中国冤假错案网中，列举了166宗曾被判决有罪后通过再审改判无罪的案件；最高人民法院发布的《中国法院的司法改革（2013—2016）》白皮书披露，2013—2016年，各级法院通过审判监督程序纠正了聂树斌案、呼格吉勒图案、张氏叔侄案等34起重大刑事冤假错案。这些错案的纠正固然体现了法治的进步，但有些纠错耗时过长、有些冤假错案造成了不可挽回的损失，而且冤情昭雪的比率缺乏实证数据分析。

（二）庭审实质化未能充分有效体现

严格的举证程序、充分的质证过程和规范的认证结果，是刑事诉讼庭审实质化的重要体现。一方面，要充分保障被告人及其辩护人的权利，让其与检控方处于同等的法律地位，使之不会因权利的失衡而丧失自身的权益；另一方面，要突出审判在刑事诉讼中的中立和主导地位，发挥法官在庭审中的控制和引导作用。但是，实践中，被告人的辩护缺失，侦查机关收集的证据材料直接影响着起诉和审判，对于侦查中形成的各种笔录、报告、书证和物证等，在庭审质证时，很难做到一证一质，往往在公诉人简单宣读各种证据的摘要后就叫被告人方质证，若无辩护人参与，质证过程就很可能流于形式，从而导致刑事诉讼中的“以侦查为中心”。然而，从数据中可以看出，相较于35万有余的二审和再审的刑事法律文书，被告人上诉提起证据链不完整的案件只有1700来件，只占4.8%。而在所有这些案件中，可以看到有辩护人参加的达86.43%，说明辩护人对刑事案件的进程及结果有举足轻重的作用，但却在大部分的案件中缺席。同时，未有裁判文书反映证人或鉴定人出庭作证，法官对证据的审查成为对各种笔录的审查。

---

[1] 陈学权：《证据不足时法院作无罪判决难所涉问题研究》，《法律适用》2015年第6期。

（三）相当部分裁判文书说理简单不透彻

裁判文书是当事人和社会公众感受正义的媒介，是司法公正的直接体现。作为“公正的精髓”的文书说理要满足描述裁判制作过程、说明裁判结果逻辑演化和展现法官心证形成路径的基本要求。〔1〕 最高人民法院在1999年发布了《法院刑事诉讼文书样式》，并在2001年作了实施该文书样式的解答，要求裁判文书对法庭的举证和质证的过程要有准确完整地呈现，对于控辩双方没有争议的事实和证据，可以扼要概括；对于有争议的事实，则应具体分析和认证，写明采信或否定相应证据的理由。不过，从数据中可以发现，尽管当事人对是否形成证据链存在争议，但二审裁判文书未对证据进行任何分析的达22.4%，更不用说论证是否形成证据链，简单地以二审查明的事实与一审一致就做概括。有人将这类文书总结为：抽象概括——基本不说理，其文书结构主要特征为“证据罗列+抽象概括+定量分析”，而且证据罗列部分占90%，不到10%在分析定案量刑理由；照本宣科——往往在未经事实评述与性质分析前，就套用刑法条文或直接定性；简单粗暴——轻视控方观点，裁判说理十分傲慢。〔2〕 然而，在宣告被告人无罪的案件中，发现一个突出的特点，就是超过80%的判决书中都对双方的举证、质证及法官认证的理由进行了详细的记载和论述，基本的法庭证据规则有了较好的运用。

（四）审判委员会架空合议庭的审理

独任审判或合议庭是法院审理案件的基本组织形式。可是，在部分案件中，以院长、庭长与资深审判员组成的审判委员会却是事实上的审判主体，对案件的处理结果享有最终的决定权。审判委员会尽管是最高审判组织，但其组成人员并未亲历审理过程，决定的作出主要建立在主审法官的案情汇报和对卷宗材料的阅读之上，本质上属于间接审理，对于当事人各方在庭审中的表现没有直接感受，对有可能发现的事实问题难有途径去进一步查证，而且在许多基层法院因法官数额的限制，很少能建构针对刑事或民事的相应专业审判委员会，致使审委会委员在讨论和决定案件时非是因为对

〔1〕 张云鹏、孙长江、李万涛：《庭审实质化视角下刑事判决书的罪刑说理》，《社会科学辑刊》2016年第7期。

〔2〕 周芳芳：《刑事判决说理的困境、原因及出路研究》，《法律方法》2016年第12期。

某类案件有深入的思考或了解,而是基于资历或职务,容易形成人云亦云的局面,一旦发现在某类案件上有所谓的“权威”作出表态,其他人员附和的几率就相当大。在前述“引子”所引的案件中,合议庭的多数意见经过缜密的思考和论证,认为要形成完整的证据链条,既要有主观证据,也要有客观证据,在被告人拒不认罪,只有证人证言而无其他客观证据佐证的情况下,应认定证据链条缺失,当遵循疑罪从无的原则宣告被告人无罪,但由于审判委员会中刑庭的庭长表态应认定被告人构成盗窃罪,其他大部分成员也附和认为即使本案证据存在硬伤,也应当相信公安和检察机关的办案能力,不宜宣告无罪。此外,经审判委员会讨论不要求在裁判文书中注明,在公开的裁判文书中只有合议庭成员的名字,一旦发生错案,承受责任的还是合议庭。如前所述,拟宣告被告人无罪都须提交审判委员会讨论,那么在我们搜索分析的当事人对未形成证据链而坚持疑罪从无上诉的案件,其中63.5%被维持的案件中,有多少是经过审判委员会讨论的不得而知。

(五)同案同判的标准界定困难

“同案同判”,即相同或类似案件应该得到相同或者类似的裁判结果,是法律统一适用的最基本表现,也是司法公平公正的最基本要求。在刑事诉讼中,“同案同判”主要体现为量刑均衡或量刑规范化。目前,各地正在如火如荼建设的智慧法院,纷纷推出同案不同判预警系统。如苏州中院“利用人工智能和司法大数据技术,探索搭建同案不同判预警系统。系统对海量裁判大数据进行情节特征的自动提取和判决结果的智能学习,建立起具体案件裁判模型,根据案件的情节特征和案件复杂度从案例库中自动匹配类似案例集合,并据此计算得出类案判决结果,为法官裁判提供参考,同时对于‘同判度’较高的类案,如果法官制作的裁判文书判决结果与之发生重大偏离,系统予以自动预警,方便院庭长行使审判监督管理职权”[1]。事实发现是法律适用的前提,只有全面充分展现影响定罪量刑的所有事实和全部证据,“同案”是否“同判”的评价才有可能。“相比依赖于小数据和精确性的时代,大数据因为更强调数据的完整性和混杂性,帮助我们进一步接近事实

---

[1] 赵惠民:《苏州模式“助推”智慧审判》,载《姑苏晚报》2017年6月14日,第A09版。

的真相。”[1]的确，大数据带来的便利让法官欢欣鼓舞，有一种在重压下释放的感觉。可是，当被告人抗辩证据链缺失，该如何构建完整的排除合理怀疑得出唯一结论的犯罪事实，如前所述，超过20%的二审法律文书未对证据进行分析，其得出的事实是否经得起检验，基于该事实作出的定罪量刑能否天然地认为是“真”，而直接当作大数据的标准参考值？即使进行过证据分析的案件，但是否就作了周延的逻辑分析，有无基于传统的法律规范本位思想，裁剪案件事实以适应法律规范，导致裁判的客观依据不坚实，主观确信成分较多？在“以审判为中心”的不断推进中，法官严格遵守证据规则和事实认定准则，也许得出来的结论与所谓的“同案”发生重大偏差，这时该如何取舍？当然，我们会说：“在裁判案件时，法官有自由裁量权，会综合考虑案情进行裁量，系统的偏离度只是为法官判案提供参考，并非强制要求。”[2]但若强调法官的自由裁量权，同案不同判预警系统是否在一定程度上失去了其作用呢？贵州省高院选择了面广量大、难度不大、便于统一的故意伤害、抢劫、盗窃、减刑假释等案件为切入点，在四家中级法院和四家基层法院启动了大数据分析平台的应用试点工作[3]，但通过数据分析，可以发现看似简单的故意伤害案件，上诉因未形成完整证据链不应被定罪的案件数量最多，因故意伤害罪被提起公诉最终被宣告无罪的案件数量也最多，这说明案件的难易和事实的真伪并不能简单以案由为判定标准。

三、路径探微：以审判为中心制度的多维构建机制探索

最高人民法院《关于全面推进以审判为中心的刑事诉讼制度改革的实施意见》，对于推进以审判为中心的刑事诉讼制度改革，提出了系统的科学的意见。在此基础上，笔者认为还可以进行制度完善，从以下方面予以细化，构建符合法理、情理和社会效果的最优机制。

---

[1] 徐向一：《论侦查机制之创新》，《法制博览》2016年第1期。

[2] 《刑事司法大数据可以做什么?》，登载于传送门网，网址：http://chuansong.me/n/1837177952713，访问时间：2017年6月20日。

[3] 《刑事司法大数据可以做什么?》，登载于传送门网，网址：http://chuansong.me/n/1837177952713，访问时间：2017年6月20日。

（一）完善疑罪从无原则中事实认定的机制

相对于其他案件而言，因证据不足而在法律上否定相应的事实，是无罪判决案件的根本。就事实认定而言，相较于法律适用，也许需要更多的非法律专业知识。“法官不能为了获取案件事实而不择手段”[1]，在认定案件事实方面，特别是对常情、常识和常理的判断，法官实际上是没有认知优势的。为了更好地体现案件办理的科学性，使事实认定更加合理，建议：第一，优化人民陪审员结构，在合议庭组成人员中增加相应专家的比例，使具有特定事实的案件在专家的认知优势的基础上做到最大限度的合理性与科学性。第二，建立专家辅助人员机制，对于某些涉及专门知识的案件，由专家辅助人员以参加庭审或者书面的方式发表意见。第三，完善庭前会议，在庭前会议中，可以组织相关专业人员对专门的事实问题进行认定，以判断是否证据不足。

（二）明确证据不足的判断标准

在认知路径上，认定证据不足与证据是否确实充分是不同的，分别有相应的认识规则和认知特点。在证明案件事实时，证据确实、充分要求作出任何论断都必须有充分理由，应当有详细的论述和推理过程，并对证据链的构造有充分的说明。要认定被告人有罪，必须所有构成要件同时具备，并且形成完整的证据链。然而，要证明犯罪证据不足，只要犯罪构成要件中的某一项被否定即可。因此，将判断证据不足的主要标准和程序进行明确，既能有效提高工作效率，也能更好地适用疑罪从无的原则。早在 1997 年，最高人民检察院就颁行了《人民检察院刑事诉讼规则（试行）》，对于证据不足的判断标准作了规定。不过，该规则是由最高人民检察院颁行的，仅属于司法操作规则，存在法律位阶和适用范围上的局限性，立法位阶的提高亟待进行。在以后刑事诉讼法的修改中，应当完善证据不足的判断标准，特别是对审判阶段中证据不足的判断标准要有明确的规范。唯有如此，才能最大限度地提升司法公信力，防范冤假错案的发生。

---

〔1〕 姚显森：《疑罪从无处理的程序法规制》，《现代法学》2014 年第 9 期。

(三)全面落实庭审实质化

“庭审是审判的关键和决定性环节,是审判中心之中心,必须要实质化,这是以审判为中心的基本内容。”[1]

1. 法庭辩论实质化

在我国职权主义法制传统下,检察官的客观中立义务,似乎使其与被告人之间不具有那么强的对抗性,但是控辩双方的立场是相对立的,所要实现的目标也是不一致的,这种对立仍然不可避免地存在。因此,充分保障被告人依法享有的辩护权利,并让其能够获得律师的有效帮助,才谈得上庭审实质化有实现的条件。事实上,在我们分析的样本中,能进行未形成完整证据链抗辩并最终被宣告无罪的有超过86%的案件有辩护人参加,这为查明案件事实,实现庭审实质化提供了有力保障。

2. 证据调查实质化

第一,贯彻直接言词原则。2012年,刑事诉讼法对于证人出庭作证问题进行了重要修改,在证人保护措施和作证补助与保障制度方面进行了完善,还建立强制证人到庭制度。可是,相关制度的建立并没有改善证人出庭率低的问题。究其原因,证人出庭缺乏配套、对应的安全保障措施,出庭作证的情形又设置了过多的条件。在前述引子案件中,三位“同案犯”就坚决拒绝出庭作证,导致言词证据的真伪很难通过当面质证的方式加以实质审查。第二,完善庭审质证程序。要确定证据的证据能力与证明力,必须经法庭质证。然而,不同种类的证据有不同的特点和属性。刑事诉讼法没有具体规定出示和宣读实物证据的调查核实方式。实践中,公诉人往往是批量出示证据,或者选择性、概括性和摘要式宣读,这连辩护人都无法逐个质证发表意见,更别说被告人本人能对证据有效质证了。因此,应当结合言词证据与实物证据的各自特性,完善相应的质证规则,对于影响定罪量刑的关键证据,应当坚持一证一质的原则。

3. 心证形成庭上化

保证裁判结果由亲历庭审的审判人员作出,还裁判权于审理者,真正做到“让审理者裁判”,使其心证形成庭上化,是实现刑事庭审实质化的关键。

---

〔1〕 赵鹏:《刑事检察工作模式有待转型》,载《检察日报》2015年7月9日。

对此,可以从以下几方面完善:第一,完善司法责任制。现在各级法院都制定了司法责任制的相关文件,建议进一步取消案件批示制度,并落实司法机关内部人员过问案件的记录制度和责任追究制度。第二,规范上下级法院的审级监督制度。为了降低改判率,下级法院希望上级法院就事实和证据的认定上作出相应的指导,这既违背两审终审原则,也不能发挥一审庭审在认定事实上的核心功能,建议将请示的范围限于法律适用问题,同时将上级法院对下级法院的监督和指导公开、规范化,将法官评价指标中的改判率等不合理指标剔除。第三,厘清审判委员会的职责。刑事诉讼法第一百八十条[1]和人民法院组织法第十条分别对审委会的职能作了规定,笔者更倾向于审委会的智库功能,通过对重大、疑难案件和其他有关审判工作的问题的讨论,总结审判经验,而非直接决定判决结果,虚置合议庭,使审理者不裁判,裁判者不负责。第四,法官裁判案件的质效和公正,要通过运用大数据进行常态化、长期化的综合指标加以科学分析判定,并作为法官奖惩、晋升的主要依据,以此来提升法官审判责任和职业素质。

(四)强化刑事裁判文书的说理

法律是“理”与“力”的结合,有“理”无“力”是道德;有“力”无“理”是强权政治。而“理”则要通过审判权的重要表现形式——裁判文书的“说理”来体现。但实践中基于多重因素,一些裁判文书说理不透彻,甚至强词夺理,严重损害了司法公信力。为体现以审判为中心,必须实现所有裁判文书依法、限时上网,并强化裁判文书说理。一是讲清事理。要强化对证据的分析和评价,对于举证、质证和认证过程要全面展示。当仅有间接证据而无直接证据,或者只有主观证据而无客观证据,或者要排除非法证据时,更要通过对证据的分析,做到条分缕析,逻辑严密,论证充分,言之有理,论之有据。二是论透法理。克服简单机械引用法条的做法,将权利义务关系与法条、法理相结合,既有明确的法律条文,又有严密的法律推理;既有必要的法言法语,又有符合法律精神的公众语言,是非曲直清楚,责任认定明白。三是说明情理。要充分考虑社会主义核心价值观,遵循常识、常情和常理,既要坚持法律原则,又要得到社会认同,在不断平衡中努力实现法律效果和社会效

---

[1] 现为《中华人民共和国刑事诉讼法》第一百八十五条。

果的有机统一。

（五）理性看待同案同判问题

“同案不同判”并非一种正式的法律术语，更多地被运用于社会舆论的讨论当中。近年来，社会之所以如此重视“同案不同判”，根本原因是民众认为背后所隐含的司法不公的问题。在此种语境下，若抛开过程，单纯谈论结果则无意义。适用相同的法律规则，运用于相同或相似的案件，是一项基本的法律要求。何为相同或相似案件，应当以经过法律筛选的法律事实为基础。而经过法律筛选的事实并非一个客观标准。在审判过程中必须考虑发生的时代背景与地域特点，所以表面同一或相似案件，未必能达到相同的结果。如在“以审判为中心”和“以侦查为中心”不同理念下对类似案件即使有大致相同的证据，所认定的法律事实可能会完全不同，审判结果可能完全相反，因此我们应当理性地看待同案不同判，一方面应当关注“同案不同判”的现象；另一方面又不能将同案不同判简单归结为司法不公正。当然，对于同案不同判、无罪判决等容易引发争议的情形，不能简单通过公布裁判文书了事，有必要通过大数据分析向公众展示其客观因素和合理原因，透过大数据分析使人民群众和有关机关对以审判为中心格局下的这些问题有客观辩证的认识。

四、结语

以审判为中心的诉讼制度改革正如火如荼地进行，它不仅涉及法院内部刑事诉讼工作重心的变革，也重新建构着公、检、法三机关的关系；不仅促进着司法体制改革目标的达成，也能推动着我国刑事诉讼法乃至宪法的立法完善。我们期待着这一凝聚法治精髓的诉讼模式在中华大地焕发生机，切实提升司法公正和质效。

（初审：谢进杰）

争　鸣

Academic Debate

感性共识与程序正义：执行实施标准体系对执行难的理性否定与现实发展

杜佳鑫[*]

【提　要】 执行难作为一种社会问题，其出现并不仅仅是因为未能执行到位的个别案件，而是对执行债权实现总体状况的感性认识。理想化的执行实体正义忽略了司法过程中的客观因素，即执行能否到位不仅取决于法院的司法能动力，也受制于债务人的实际财产状况，即便在诚信监管体制完美有效的情况下，规避执行"零发生"的状态中，客观上仍然会存在全部或者部分执行不能的情况。从法治理性的发展来看，"执行难"观念的消失具有必然性。设定公正、合理的程序标准体系是实施的前提，也是程序正义的核心和第一要义。在法治时代，执行程序的良性标准不在于难易之分，而在于是否遵循法定的流程和期限对债务人采取了全部执行措施，包括财产的直接执行甚至人身、信誉的间接执行措施，给予债权人充分的程序救济。执行程序应当建立以程序正义为本位的评价体系，将评价参数集中于法定执行措施的实施、执行流程节点及期限、执行进度的及时公开以及相关权利人异议权的保障，并随着司法实践的深入和司法能动力的扩张不断地完善实施标准体系，彰显执行程序正义的价值引导作用。

【关键词】 执行难　标准体系　感性共识　程序正义

刑事执行中人身刑的执行是不可避免的，没收财产刑则根据犯罪人的实际财产情况全部执行，不存在到位金额的具体要求；罚金刑能否足额执行也取决于犯罪人的财产状况。无论财产刑能否执行到位，均受制于客观现

* 广东省深圳市中级人民法院法官，Email：napoleon_d@ qq. com。

实。尽管实践中有部分因客观不能无法执行到位的案例,却没有"刑事执行难"的提法。在具体语境中,"执行"是"民事执行"的简称,"执行难"通常特指民事执行难。目前理论和实务界对"民事执行难"研究都集中于成因和对策分析,对"执行难"的概念并未进行定义,究其根本,"执行难"本身并不是一个严谨的法律概念。

一、"执行难"问题的成因和本质

(一)"执行难"问题的成因

从实证主义的角度考量,民事执行制度在众多法律制度之中,是与社会实践相互作用最为直接的一项法律制度,从整个社会的角度看,"执行难"现象实际上也是社会秩序失衡的一种表现,属于社会现象。作为社会管理的一种方式,司法与社会的互动关系决定了司法的问题必须着眼于全社会分析其症结。

"执行难"问题主要是针对大部分执行债权无法实现的现象提出的,执行债权无法实现的原因应当一分为二,一是执行不能,除生活必需资料外,客观上被执行人的全部财产变现后无法清偿债权,或者存在财产客观上无法处分或无益处分的情况,这些情况都属于客观不能的范畴;二是规避执行,债务人在主观意识指导下做出规避执行的行为,从反规避的司法能动层面来看,执行程序应当能够而没有给予债权人充分的救济,属于主观方面的问题。

规避执行的成因从深层次分析,源头在于社会诚信监管和公民法治意识的薄弱,导致生效法律文书确定义务人的自动履行率非常低,反规避执行成为解决"执行难"的重中之重,社会诚信监管体系处于建设初期,尚未对债务人自动履行裁判形成强有效的约束力,本质上是社会诚信机制的不完善,因而"规避执行"问题的整体解决需要从整个社会的诚信机制构建和效能的全面发挥入手。

执行程序属于社会诚信监管的子环节。应当说,对于社会诚信监管缺效的现状,法院执行作为实现矫正正义的最后一道环节,发挥了社会承重墙的作用。面对"执行难"问题的现实压力,基于满足公民司法需求的社会责任感和改革创新的历史使命感,法院主动适应经济社会发展的新常态,不断推进执行体制和流程管理的改革,与相关协助执行单位建立信息化的联动执行网络,在一定程度上促进了社会诚信体系的建设以及公民法治意识的提高。然而,法院的司法能动力受特定时期社会实践的制约,实际上是存在一定界限的,通过将机构优化重组和流程规范化、精细化、集约化改造,已经深度挖掘了执行权运行的潜力。应对"规避执行问题"需要发挥社会诚信监管的合力,从源头、整体上解决问题。社会诚信体系的建设和公民法治意识的培育是一项综合性的工程,一方面有赖于法治意识在整个社会和体制上的培育,促使公民主动遵守诚信法治规则;另一方面也需要各方在达成"共识"的基础上,致力构建法治和诚信监管的各种有效机制。在法定框架内,人民银行、市场监督管理局等相关政府部门,铁路公司等企业,甚至民间其他非政府组织都可以建立社会诚信监管机制。

进一步讲,"执行难"观念的出现,完全是出于功利主义的评价准则,与理想化的实体正义思维不谋而合。在理想化的状态下,所有裁判的内容应当全部执行到位,实体正义才能完全实现。理想化的执行实体正义忽略了司法过程中的客观因素,即执行能否到位不仅取决于法院的司法能动力,也受制于债务人的实际财产状况,即便在诚信监管体制完美有效的情况下,规避执行"零发生"的状态中,仍然会存在全部或者部分执行不能的情况,执行不能是因被执行人不具备清偿债务的现实能力而无法执行的情况,是执行不到位的客观原因。

(二)"执行难"问题的本质

在执行立法、司法的发展过程中,法律依据不完善和规范化早期存在的执行乱、执行慢的现象,加上法院司法权威和司法能力的相对不足,为规避执行留下了较大的生存空间,具体表现为"被执行人难找,被执行财产难查,被执行财产难动,协助执行人难求"。特定历史时期的社会和司法实践直接影响法院依职权"兑现"生效法律文书的现实可能性。

执行难作为一种社会问题,其出现并不仅仅是因为未能执行到位的个别案件,而是对执行债权实现总体状况的感性认识。这种感性认识并未区分执行不能和规避执行,由于对多个执行个案债权未能清偿的直接感性认识的观念集合,加上这些观念传播的间接认识,逐渐形成一种社会共识。

必须指出的是,"执行难"不是法律概念,这一概念至今未见于正式法律条文之中，其作为法律概念并不具备逻辑严谨性。法律是以程序公正保障实体公正的理性科学，而不是权利实现难易的评价体系，难易评价属于感性认识的范畴，其本身的划分标准并不严谨。解决执行难与提高执行到位率[1]之间也没有必然的联系。执行到位率需要达到多少，才符合“执行易”的标准，无法科学具体地确定。即使达到90%的到位率，对于余下10%的债权来说，仍然属于“执行难”的范畴。由此可见，到位率与公正性不成比例，执行未到位并不必然意味着不公正，执行全部到位并不必然完全公正。即使全部到位，但程序操作错误，如未保障异议权，甚至权利人认定错误，将夫妻共同财产当作个人财产执行，仍然属于不公正。若执行不到位的原因是被执行人客观上无偿还能力，所有现实的执行措施均已实施，则程序正义已经实现，不存在难易的问题。

“执行难”实际上是一种主观感性认识的观念集合，本质上是一种社会观念。这种社会观念与法治理性是共存的，从法治理性的发展来看，“执行难”观念的消失具有客观必然性。

二、“执行难”观念消灭的必要性和必然性

“执行难”观念已经存在了20多年，见证了法制向法治的转变，对执行立法的体系化和执行司法的规范化起到了压力促进的作用。但是，随着当前法治的全面发展，这一观念对法治的负面作用已经越来越明显。

（一）“执行难”观念消灭的必要性

1. 提高司法权威的内在要求

“法之贵，在必行。”司法权威，或者换个角度说，司法的公信力是稳定社会的奠基石，属于整个社会的共同财富。但在实际上，由于“执行难”这种观念上的原因，法治的公信力却受到了一定程度的削弱。在执行程序理性评估标准确立之前，对“执行难”的感性理解偏向于对法院主观上兑现裁判能力不足的否定性评价。长期以来，社会各界对“执行难”问题的诟病冰冻三尺，严重损害了法院在人民群众心目中的权威和形象。执行不仅需要能动

〔1〕 执行到位率一般是指债权人通过执行程序受偿的金额与债权总额的比率。

力,更需要权威,震慑拒执行为。司法权威的不足不仅助长了债务人规避执行的“志气”,更增加了债权人脱离实际的诉求和信访,导致恶性循环。对法治的发展来说,在提高司法能动力的同时,引导执行当事人和公众对程序的理性认识,重塑司法权威尤为必要。

2. 引导诉权行使的外在作用

无可否认,诉权行使的目的在于实现实体权利,然而,实体正义不是空中楼阁,保障实体权利实现必须遵从合理、正当的程序。申请执行人在提起强制执行时往往存在权利全部实现的期待,对客观不能的可能性没有充分的预见。另外,由于法院奉行超职权主义的执行程序模式,整个过程(包括执行通知、财产调查、财产控制、财产处分、款项汇付直至执行结案所有环节)基本上完全由法院包办,申请执行人往往只注重程序的结果而不注重程序本身。程序的意识薄弱是各种催办、信访、投诉的根源,法院因处理不必要的催办、信访、投诉占用了大量的时间,浪费了宝贵的司法资源,阻碍了其他案件的执行进程。申请执行人的诉权期待应当从“债权实现难易的结果”转向“保障执行结果的正当程序本身”,更加重视财产调查无果和举证不能的法律风险,提前采取诉前保全和诉讼保全措施。

(二)“执行难”观念消灭的必然性

1.“拒执难”趋势的形成

近年来,全国法院系统致力于推动执行改革,不断提高规范程序本身的精细化程度和执行权运行的集约化程度,加强联动执行体系的建设。执行改革对解决“执行难”问题的作用不是单维度的,其瓦解作用体现在以下四个方面:一是集约快速执行和流程节点期限管理缩短了程序周期,加快生效法律文书确定权利的变现速度;二是通过快速实施阻断反规避执行行为,防止在执行过程中被执行人“人、财、物”的转移;三是通过拘留、边控、限制出境、失信惩戒等执行处罚措施的规范应用,提高执行威慑力,遏制反规避执行和暴力抗法,促进被执行人自动履行生效法律文书确定的义务;四是法院与银行、工商、证券、房管、公安、民航、铁路等协助执行单位的信息化合作日趋紧密,对被执行人的财产查控和处分越来越迅速,人身限制和信用惩戒的应用越来越广泛,促进了社会诚信监管体系的发展,对执行债务人形成了“围堵”效应。随着执行程序走向精细的规范化、社会诚信监管体系逐步发展，虽然规避执行事实上不可能完全消失，但其生存空间越来越窄，“拒执难”的趋势正在形成。法院和执行债权人对执行程序的关注重点逐步转向执行债务人的财产和收入是否全部执行，对于客观上暂无其他财产可供执行的案件，以终结执行程序的方式退出执行程序，“执行难”的现实表象成因正在逐步瓦解。

2. 法律意识的理性发展

“执行难”这种感性观念的存在客观上阻碍了法治思维的推广和法治理性认识的发展。执行权实施属于法律领域的专业性问题，应当以法治思维、法律逻辑分析并设计正当、合理的程序。在法治社会，对法律的认识不能仅停留在实现诉求的功利主义层面。司法的过程是法律的实施过程，对法律的尊重首先应当体现为对司法程序的尊重。诉讼爆炸时代公民的权利意识已经觉醒，参与诉讼或者获得案例的资讯越来越普遍。法治宣传伴随依法治国实践而深入，法治理念的影响逐步扩大，诉求表达向依法维权的转变越来越彻底。在法治发展的过程中，感性认识必然上升为理性认识，权利意识必然上升为法治意识。法治意识指导下的民事行为、诉讼行为对程序及其结果应当有更为理性的预期。在执行领域，程序正义标准最终取代功利主义的感性评价必然成为社会新共识，“执行难”将从观念上消失。

三、执行程序的评价体系标准和配套司法机制

（一）以程序正义为本位的执行评价体系

孟德斯鸠认为，法律包含了一种根本的理性存在。[1] 法律的逻辑是制定行为准则，确保法定规则得到遵守和实施。在法治时代，执行程序的良性标准不在于难易之分，而在于客观完备的执行程序标准中规定的所有执行措施是否全部实施，给予债权人充分的司法救济，对债务人采取了全部的执行措施，包括对财产的直接执行甚至人身的间接执行措施。执行程序正义应当包括两层含义：一是立法规定的执行程序的周延性。执行程序标准设定必须严谨性且具周延性，基于司法能动的现实最大限度地保证债权的实现，并兼顾法益主体（包括案外人）的异议权。二是程序实施流程的完整性。

---

〔1〕［法］孟德斯鸠：《论法的精神》，于应机、余新丽译，西安：陕西人民出版社，2006年，第21页。

在执行案件办理过程中按照执行程序的标准规定的措施和期限自动运转。换言之，执行程序正义是以程序标准设定和实施的“到位”，最大限度地保障“执行到位率”，实现功利主义与程序正义的统一。

一个案件的执行过程是否符合公正的标准，有无明显不公之处，不仅要能够被当事人所感知，而且要能被社会公众所认可。“在大多数情况下，普通公众进行的价值评价主要是通过观察法律实施的过程来进行的。”[1]设定公正、合理的标准体系是实施的前提，也是程序正义的核心和第一要义。“建构合理的制度是一个不断试错的过程，是一个寻找理性与现实交集的过程，理性的谨慎选择和现实的小心求证都是不可缺少的环节。[2]”正当、合理的执行程序标准体系设定应当是开放性的，并能够随着实践深入和技术进步不断发展，从框架上来说，其基本要义包含以下四个方面的内容。

1. 基于司法最大张力规定执行程序中应当采取的所有措施

在执行程序中，程序正义的标准应当表现为职权性、强制性的规则体系。从法院的角度，程序标准体系明确规定执行法官在办理案件过程中各个流程应当采取的强制措施，其对象是执行债务人的财产甚至人身、信誉。法院实施职权性的规则，对于执行债务人而言是强制性的，对于执行债权人而言是救济性的。

当前制定执行程序标准体系已经有现实基础。法院系统近年来规范化、精细化的执行改革进程为程序正义的探索积累了丰富的流程经验，程序各个阶段的操作形成了标准化的框架，有关执行司法解释的相继出台也为执行改革成果的巩固提供了立法支撑，制定统一程序标准体系的条件已经具备。

执行程序标准体系应当基于司法能动力的最新发展，要求穷尽现实中有效可行的执行措施，排除随意性的适用，结合执行实践的发展，不同程序阶段标准措施应当包括：

(1)执行通知阶段：责令被执行人在指定期限内主动履行，并告知其规避执行、拒不履行的法律后果，未能主动履行的，必须依法向法院申报一年以内的财产情况。

(2)财产查控阶段：在发出执行通知的同时，依职权提起财产调查，核实

---

〔1〕 陈瑞华：《看得见的正义》（第二版），北京：北京大学出版社，2013年，第2页。
〔2〕 苏力：《制度是如何形成的》，广州：中山大学出版社，1999年，第99页。

举报、申报的财产线索，及时对发现的财产采取控制措施；执行法院除在当地进行银行存款、房地产、股票、车辆以及工商股权的"五查"以外，对已发现财产不足以清偿债务的，还须委托被执行人住所地或户籍所在地法院对被执行人的财产情况进行调查。

借助司法信息化的便利，财产查控的时间节点可以不断提前，逐步实现一经立案办案系统即自动发起，财产查控与排案分人同时进行，确保执行法官在拿到执行案件时即第一时间掌握被执行人的财产情况。随着全市、全省、全国查控网络的发展，财产调查的范围标准必须更广、更快。

(3)财产处分阶段：通知当事人参加评估机构选定程序，随机选定评估机构对执行财产进行评估；将评估结果及时通知当事人，并保障当事人对评估结果的异议权；拍卖变卖的情况必须及时通知和进行公示，其中不动产处分前应当在不动产所在地进行公示，催告对不动产享有所有权以外其他权利的相关权利人在指定期限内进行申报；财产设定抵押、质押的，通知抵押权人、质押权人及时申报抵押债权、质押债权；财产拍卖成交后，应当在确认成交之日起十五日内出具过户裁定；对拒不移交的行为进行司法惩戒。

(4)款项划付阶段：执行到位款项需及时进行核算，除需要委托中介机构进行审计或者申请执行人迟延办理领款手续等特殊情况以外，原则上执行款应当在到账后一个月内汇付申请执行人。

(5)执行退出阶段：债务未清偿的，除特殊情况可以豁免以外，原则上须对被执行人采取限制出境、限制购买飞机票、高铁票等高消费、执行拘留、限制出行便利、发布失信惩戒措施，随着网络和信用惩戒体系的发展，应当逐步加大对未清偿的被执行人的限制措施和惩戒力度。

2. 基于高效原则规定执行流程节点的期限

以执行立案为起点，执行结案为终点，整个执行程序基本上是一个由各个环节构成的单维度动态流程(以金钱债权执行为例，见图1)。

执行程序的流程基本上是单向性的，对执行流程的各个阶段细分节点后再根据合理的期限实行节点管理，可以避免不同案件程序进度的不一致，确保执行措施实施的时效性，提高执行效率[1]。节点管理在立法中已有部

〔1〕"执行效率"就是在最短的时间内，耗费最低的人力、物力等司法资源成本，最大程度地实现生效裁决的结果。参见田大农、刘志龙：《建立分段集约化的执行案件流程管理制度》，《人民司法》2010年第19期，第45—47页。

分规定[1],有的地方法院在执行改革探索的过程中也在法定的框架内细化了整个执行流程的节点期限管理,但尚未有统一的规定。司法实践证明,以节点期限为基础的流程管理,将比分段执行更进一步对"人民法院加强自身建设,实现司法公正,提高执行效率,增强人民群众对人民法院的信任度等方面均发挥了积极作用,实施执行案件流程管理的效能得到了充分体现。"[2]

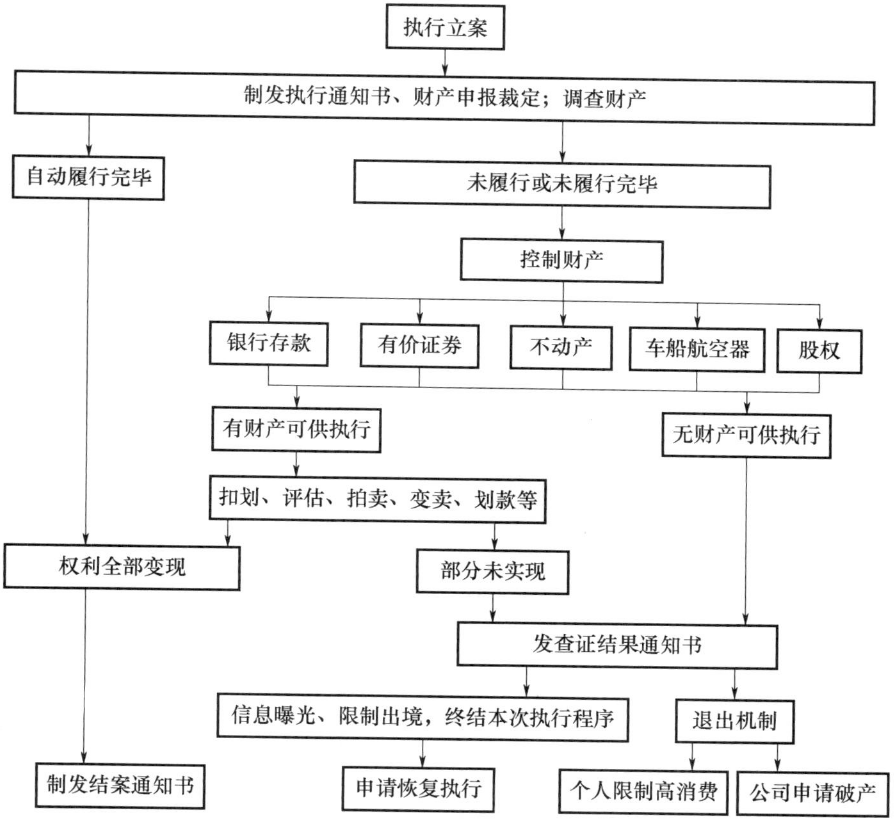

图1

〔1〕 根据2015年2月4日生效的《最高人民法院关于适用〈中华人民共和国民事诉讼法〉若干问题的解释》第四百八十二条第一款规定,执行通知应当在收到申请执行书后十日内发出。

〔2〕 葛庆河、冯建晓:《执行案件流程管理的探索与实践》,登载于中国法院网,网址:http://hnfy.chinacourt.org/public/detail.php? id=52181,访问时间:2016年5月17日。

3. 基于知情权确保执行进度的及时公开

“正义不仅应当被实现，而且应当以看得见的方式被实现。”英国著名大法官丹宁这一观点一直被奉为程序正义的至理名言。在超职权主义执行模式下，执行标准体系及其实施进度应该及时公开，保障执行债权人能够获知执行程序的标准体系，并及时了解执行案件办理的进度，从而确保执行标准体系的恰当实施，也是执行债权人在正当程序中应当享有的知情权。法律的公信力赖以建立的逻辑基础在于正义公开。在司法权威的时代命题面前，更需要着重司法信息公开的作用，以公开促诚信，以公开树权威。

4. 基于公正原则保障相关权利人的异议权

执行程序标准实施的另一层作用在于，执行主体对于违反标准的执行行为能够及时提出异议。对异议权的保障是程序正义的内在要求。如果执行行为对合法权利构成威胁，甚至执行标的物的所有权等法益存在争议，相关的执行行为应当暂时停止，等待异议的处理结果。对异议的排除是后续执行程序获得正当性的前提。

“实际上，规范或制度在社会上的存在，取决于它们在指导和评价人类在其社会环境中的活动方面所起的实际作用。”〔1〕执行程序运行的法律后果只有两种：一种是执行到位，包括全部到位和部分到位；一种是执行不能，同样包括全部执行不能和部分执行不能。执行款到位率的高低取决于客观情况。在绝大多数案件的办理中，立案后当事人在程序运行过程中只需要关注标准规定的所有措施是否均已采取，执行流程是否在节点规定的期限内。若程序的操作出现异常、权利受到损害，则及时提出执行异议，否则案件的办理便按照标准体系的规定自动运转。对执行程序的评价应当是保障实体债权实现的程序标准是否全部实施，着眼于执行程序的运行是否规范、高效、公开、公正。程序标准体系应当成为程序运行是否良性的具体标准。

(二)保障执行程序正义的法治配套体系

“正当程序是一个灵活的概念……对正当程序的要求是绝对的，但它的适用却不是”。〔2〕与诉讼程序两方平等对抗的模式不同，执行程序以单向强

---

〔1〕［英］麦考密克、［奥］魏因贝格尔：《制度法论》，周叶谦译，北京：中国政法大学出版社，1994年，第10页。

〔2〕陈瑞华：《看得见的正义》（第二版），北京：北京大学出版社，2013年，第8页。

制执行债务人履行生效裁判为目的,实质上是以国家强制力为后盾的。既然债权已经被生效文书所确认,规避执行的行为便属于对法定秩序的破坏,应当受到法律的制裁。尽管目前民事诉讼法中已经规定了拘留、罚款等司法制裁措施在执行中的应用,刑法也设置了拒不履行判决裁定罪、非法处置查封扣押冻结财产罪、妨害公务罪等罪名,从实践的情况来看,尚未对执行债务人形成全面的约束力。充分的执行程序正义的实施要求建立强化的配套机制。

1. 反欺诈转移的立法完善

实践中债务人为合法规避债权,往往采取欺诈的方法转移财产,以合法形式掩盖非法目的。债权人对债务人损害债权行为的矫正通常是通过对第三人提起代位权诉讼实现的,其依据是恶意串通损害第三人利益的效力否定规定,对债权的保护存在一定的局限性。当前立法对规避执行的欺诈转移尚未专门的规定,从保护债权的角度考虑,可以参照美国相关的立法例,增加债权救济的相关立法,在判决认定欺诈转移的前提下,赋予债权人诉请恢复财产价值以清偿债权、诉请判决欺诈转移财产行为无效、申请对转移资产或者受让人其他财产进行保全、申请禁止债务人或者受让人进一步处分资产禁令的权利[1],以彰显执行立法对债权履行的全面保护,强化诚信监管约束。

2. 强化对规避执行的刑事制裁

目前对于规避执行的刑事制裁适用的案例非常少,强化执行威慑力应当加大对规避行为的刑事处罚力度。在罪名认定上可以将执行中违反高消费令、故意隐匿财产、欺诈转移财产等行为列入拒不履行判决裁定罪。在拒执罪的追诉机制上,由公安机关建立专门的拒执罪立案、侦查部门,加大对各种规避执行行为的刑事追究力度,强化刑罚的应用,提高执行保障的威慑力。

3. 完善诚信监管机制

最高人民法院及部分地方法院通过协助执行机制,联合银行、政府工程、民航、边境管理部门将执行债务人列入黑名单,限制其贷款、办理信用卡、承接政府工程、乘坐飞机、出境等做法已有先例,但并未全面推广。除了

---

〔1〕 See the Uniform Fraudulent Transfer Act.

在全国范围内推广以上措施，形成诚信监督网，协助执行的诚信监管范围还可以进一步扩大，如限制执行债务人办理、使用信用卡、限制入住星级宾馆、限制投资入股公司合伙、限制开办使用证券账户、限制购买不动产、汽车甚至暂时吊销驾照、根据《中华人民共和国出入境管理法》的规定全面限制出境直至执行债务履行完毕，等等，在实践应用中可以逐步纳入最高人民法院失信被执行人发布平台的系统链接，形成“失信者寸步难行”的效应。

（初审：谢进杰）

阅读经典

Reading of Classic

功能校正与审级改造:同类案件法律适用差异的规制

——以雇员伤亡的雇主责任判例为视角

陈迪*

【提 要】 本文以雇员伤亡向雇主追偿判例为切入点,管窥我国司法在判决结果一致性背后隐藏着严重的法律适用差异,这不仅在理论上违背了“同等情形同等对待”的正义基本原则,而且在实践中引发了规则失语、论证失范、诉辩失焦的司法困境。究其原因,在于最高人民法院承担职能过多而难以专注统一法律适用的宏观指导,法官自由裁量倾向于隐性运作而不愿对规则适用关系进行判断,审级程序由于制度供给不足而无力纠偏,导致业务性指导与法律规范效力混同、法律适用纠正与判决结果纠正程序混同。为此,应根据我国实际情况,充分借鉴同级差异上诉等通约性经验,通过转变职能使最高人民法院回归统一法律适用的中心职责,肯认法官自由裁量使其积极判断规则适用关系,并从纵、横两个维度上强化审级制度的纠正功能与效率,以建立独立于判决结果的消除法律适用差异体系。虽然研究样本是特定类型案件,但研究的问题及其治理具有普适意义。

【关键词】 审级制度 法院职能 自由裁量 同级差异上诉 业务性指导

法律秩序的存在要比法律的正义和功利更为重要。正义和功利构成法律的第二位主要任务,而所有人平等同意的第一位任务则是法律确定性。

——[德]拉德布鲁赫

---

* 广东省广州海事法院法官。Email:chendi99999@139.com。

法治国家要求法律具有确定性，因此无论是结果意义上的“类案不同判”，还是规则意义上的“类案不同法”，都构成对法治的冲击。本文选取的雇员伤亡向雇主追偿判例，在判决结果一致背后隐藏着广泛的法律适用差异，反映出我国审级制度、法院职能等方面存在的问题与缺陷，必须正视其危害并及时治理。尽管研究样本是特定类型案件，但其成因探讨与规制进路具有普适意义。

一、探源：同类案件法律适用差异的现实考察

（一）存在：同判下规则的背反

侵权责任法施行前，雇员伤亡向雇主追偿的案件一律适用人身损害解释第十一条的无过错责任原则；侵权责任法施行后，由于该法第三十五条末句规定了提供劳务者因劳务受害的，与雇主按各自过错承担责任，导致该类案件法律适用产生了争论。以“海上、通海水域人身损害责任纠纷”为案由的类型案件在中国法院裁判文书库中有裁判文书317宗，事故发生在侵权责任法施行后且原、被告之间存在雇佣关系的判例28宗，其中一审11宗，二审17宗。

28宗判例有27宗支持了原告的诉讼请求，在结果意义上属于“类案不同判”；但它们的法条援引却有8种不同方式，仅归责原则就有过错、无过错、公平责任3种之多，在规则意义上属于“类案不同法”。这种同判下的规则剧烈背反，显示出判决结果一致背后隐藏着法律适用的冲突和矛盾。

表1　判决结果适用下的法律适用差异

数量								1
判决结果								驳回诉讼请求
归责原则	无过错					公平责任	过错	
援引条文	《工伤保险条例》	民法通则第一百一十九条、侵权责任法第十六条	民法通则第一百一十九条	人身损害司法解释第十一条	侵权责任法第三十五条、人身损害司法解释第十一条	民法通则第一百三十二条	侵权责任法第三十五条	侵权责任法第六条第一款

(二)分布:跨区越级式的漫延

更值得注意的是,这种法律适用差异呈现出跨区域、越审级并且已经渗透司法基本单元的表征。首先是一审,在11宗一审判例中出现了4种法律适用方式,仅从逻辑外观上看,过错与无过错原则的并存就已经意味着适用错误的必然存在。

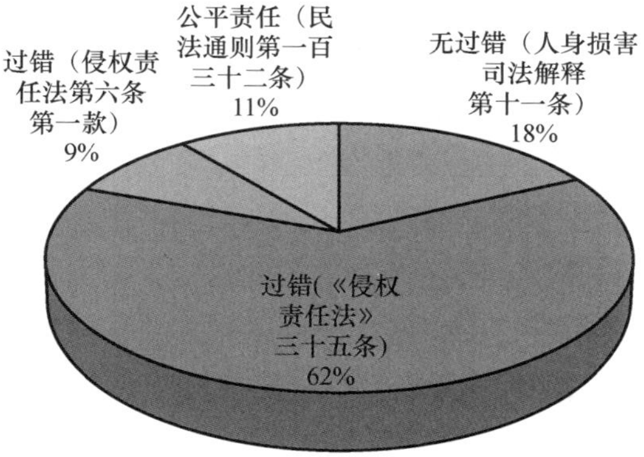

图1

其次是二审,在17宗二审判例中出现了6种法律适用方式。适用《工伤保险条例》的案件具有特殊性,但除此以外还有5种不同的法律适用方式,反映出二审无法发现、纠正判决结果一致下的法律适用差异。

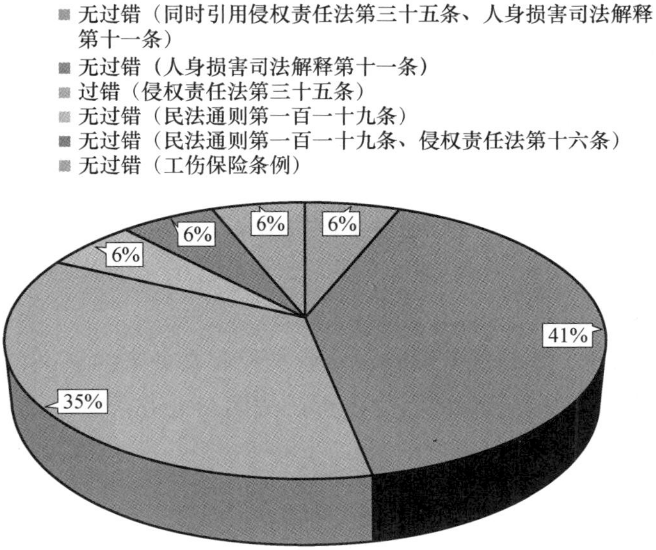

图2

此外，法律适用差异甚至存在于同一法院之中，并且同一法院适用方式可达4种之多，突显了司法基本单元之内的法律适用紊乱。

表2　同区域判例法律适用种类

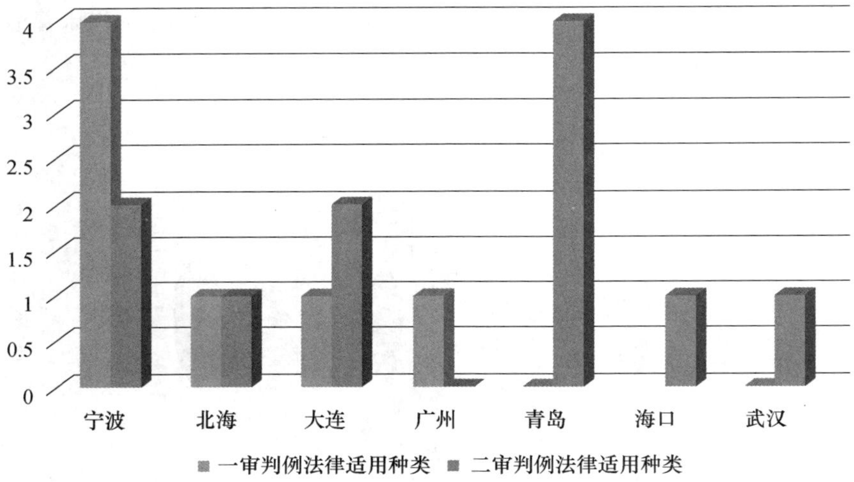

可见，法律适用差异不仅存在于不同地区之间，还从一审向二审漫延，并且渗透到司法基本单元的同一法院之内。需要指出，样本判例的案件类型并不复杂，由专门法院管辖并且审级较高，因此，从某种程度上可以说我国上下级法院之间、同级法院之间甚至同一法院的合议庭之间，都广泛存在着法律适用差异，这显然与同类案件相同处理的基本要求不一致。

(三)后果：理论与实践的困境

类案不同法的负面后果并不亚于类案不同判。首先，无论实体判决结果如何，“类案不同法”本身就违反了作为正义基本原则之一的“同等情形同等对待”(treating equal cases alike)要求，[1]损害了法的公平正义价值。更重要的是，这在实践中也引发了许多问题：

1. 规则失语。法律规范通过设定各类权利义务来约束、引导人们的行为，实现调节社会关系的目的。侵权责任法第三十五条意图规范和调整的

---

〔1〕 [比]马克·范·胡克：《法律的沟通之维》，孙国东译，刘坤轮校，北京：法律出版社，2008年，第209页。

是生活中因雇保姆、家庭装修等在个人之间形成的劳务关系，[1]内含通过过错归责来促使保姆、家庭维修工等被雇方谨慎从业之意。而人身损害解释第十一条则旨在通过无过错原则督促现代大生产下的雇主恪尽安全保障义务，并通过工伤保险等制度分摊风险，两者倡导的精神及行为导向各不相同。在雇员伤亡向雇主追偿案件中，只要适用了过错责任原则，无论其判决结果如何，都是在向雇主与社会传递“雇员伤亡只需按过错各负其责”的消极讯号，约束、督促从事生产经营的雇主加强安全保障的立法理念被抹除和篡改，规则本身沦为被任意解读的象征性符号。

2. 论证失范。司法裁判的基本论证要求是符合司法三段论，如果抛弃了大小前提的连接而直接针对结论进行判断，就很难称之为“依法裁判”。但是，在研究样本中看到的是不同的大前提与相同的小前提，演绎出相同的结论：

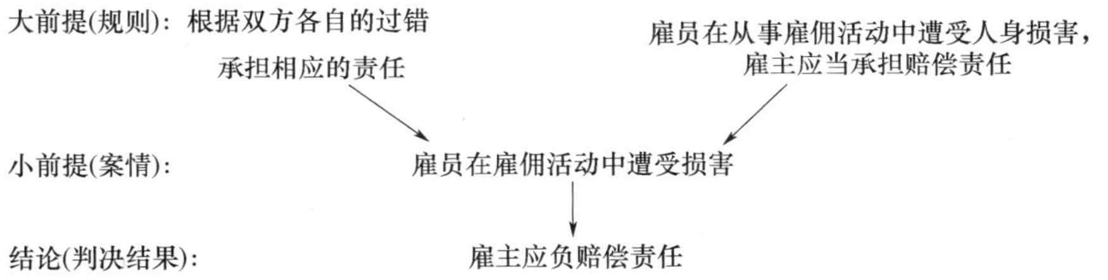

图3

这显然违背了司法三段论的推演要求。因此，尽管能够取得判决结果的一致，但这两种推演的同时存在就已经因为违反论证的形式逻辑而伤害了司法的权威性。更重要的是，这表明司法论证活动处于失范状态。

3. 诉辩失焦。诉讼是围绕着诉讼请求和抗辩，以及因举证责任分配产生的“攻防转换”而不断推进的。然而，在雇员伤亡向雇主追偿案件中，由于法律适用差异的广泛存在，常常出现原告主张适用无过错原则、被告主张适用过错原则并且均有相关判例支持的情形，导致双方的法庭辩论、举证因缺乏最基本的必要共识和诉讼预期而无法推进。法官如果行使释明权，无论选择何种规则，必然招致一方当事人的强烈质疑。因此，尽管该类案件在判决结果上保持一致，但法律适用上的差异已经在诉讼中造成了诉辩双方的话语断裂，并且使法官陷入程序推进与当事人诽难的两难境地。

---

〔1〕 参见《中华人民共和国全国人民代表大会常务委员会公报》2010年第1期，第15—16页。

二、辨析:同类案件法律适用差异的原因追问

欲治其害,先究其因,类案不同法现象的成因是多方面的。

(一)职能错位:宏观指导繁乱

法律体系因其内容庞杂、理解主体多元,具有发生冲突、矛盾的内生性冲动,为此各国通常由最高司法机关进行宏观指导来统一法律适用。我国立法属于简约型的法条构造,造成了所谓围绕法律的多维进化状况,[1]在全国人大与最高人民法院之间往返反馈的合作立法机制之中,新法颁行后各级法院很难判断此前的司法解释哪些失效了,哪些仍有效,因此我国最高人民法院更应专注统一法律适用。

事实恰恰相反,我国最高人民法院不仅要承担司法之外数量庞大的涉诉信访工作,还要承担司法之内的级别管辖、上诉、审监和死刑复核等任务,呈现"纠纷解决"型的定位,消除法律适用差异反而退居非主流的职能和任务,[2]直接影响了旨在统一法律适用的宏观指导职能发挥。尤其是其中的业务性指导,[3]本应更有效率地消除法律体系内生性冲突,却因缺乏程序控制容易成为法律适用差异的外源性诱因。

以研究样本为例,最高人民法院在著述中明确提出雇员伤亡向雇主追偿案件要以侵权责任法第三十五条末句取代人身损害解释,[4]不仅与过往的司法实践相反,而且与立法本意相悖。事实上,这种与立法原意相悖,甚至是内部之间互相冲突的业务性指导时有发生。[5]

---

〔1〕 季卫东:《法治秩序的建构》,北京:中国政法大学出版社,1999年,第163页。

〔2〕 左卫民:《死刑控制与最高人民法院的功能定位》,《法学研究》2014年第6期,第197页。

〔3〕 我国最高人民法院宏观指导可分为规范性指导与业务性指导,前者具有法律效力并有严格程序控制,例如司法解释、案例指导等;后者不具有法律效力,例如最高人民法院著述、直接审理的案件、各类会议培训等。

〔4〕 最高人民法院侵权责任法研究小组编著:《〈中华人民共和国侵权责任法〉条文理解与适用》,北京:人民法院出版社,2012年,第259页。

〔5〕 例如,对民事诉讼法司法解释第九十九条关于举证期限的理解,最高人民法院著述与2015年全国海事业务培训班上观点不一。参见:民事诉讼法贯彻实施工作领导小组编著:《最高人民法院民事诉讼法司法解释理解与适用》(上),北京:人民法院出版社,2015年,第334—337页。

（二）思维抑制：法官裁量消极

对规则的理解首先应遵循立法者的原意，既然最高人民法院著述并不符合立法原意，那么为何许多法官都选择了相信并依此裁判？

根本原因在于，法官自由裁量权得不到正式的肯认，我国立法也仅承认法院解释权而不承认法官解释权，主流话语对自由裁量持排斥态度。背后原因有两个方面：一个方面是体制层面的法院组织行政化问题，在我国科层式的行政架构下，下级法院天然存在寻求上级法院指导的倾向。[1] 另一个更为重要的方面是技术层面的严格规则主义问题。严格规则有其自身价值，但我国长期将其绝对化并产生了一种错觉，即司法无权揣度和判断立法机关制定的法律，而只能像“自动售货机”一样扮演输入案情、输出判决的办案机器。

然而，司法的本质就是判断，判断就必然有自由裁量。于是，在司法客观需要与体制、话语压制之下，法官惮于对规则适用关系的显性判断，而逐渐习惯于举证责任分配、个案论证等方面的“隐性运作”。[2] 法官与其说是在努力追求判决本身的正当性和自洽性，毋宁说是在挣扎满足判决结果的不受追责性。在13宗适用侵权责任法过错归责的判例中，法官正是通过举证倒置和个案论证，获得了与适用无过错归责判例一致的判决结果。

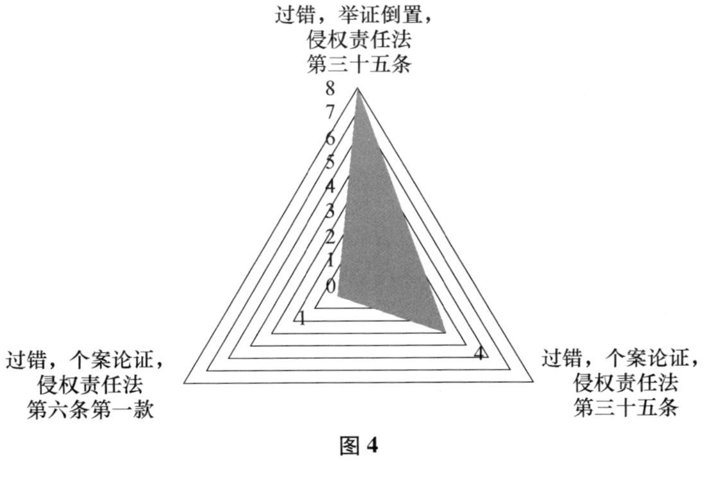

图4

〔1〕［美］米尔伊安·R. 达玛什卡：《司法和国家权力的多种面孔——比较视野中的法律程序》，郑戈译，北京：中国政法大学出版社，2004年，第55页。

〔2〕翁子明：《司法判决的生产方式——当代中国法官的制度激励与行为逻辑》，北京：北京大学出版社，2009年，第129—142页。

自由裁量隐性运作之下，判决结果可以接受，法官也避免了评判规则适用关系可能引发的负面评价，但代价是牺牲了法律适用的统一。

（三）供给不足：审级制度疲弱

审级制度主要功能之一在于保证法律的统一适用，然而对比一审、二审判例可见，我国审级程序无法发现、纠正判决结果一致下的法律适用差异，其主要原因在于制度供给不足。

从纵向看，我国审级高度同质化，强调判决结果的可接受性而忽视法律适用及论证的可接受性。例如4宗改判的案件无一例外主要针对赔偿数额、责任比例划分等实体问题，而未单独纠正法律适用差异。这种自塔基至塔顶价值目标、职能配置及运作方式几乎没有分别的柱型结构，[1]反映了法律适用纠正程序附属于判决结果纠正程序，甚至被后者侵噬的态势。

从横向看，现有审级制度缺乏发现同一法院或同一地区之内法律适用差异的能力。由于我国没有将法律适用差异作为上诉理由，当事人缺乏发掘法律适用差异的利益刺激，而上诉审理者在手段上因囿于个案审理而难以发现不同案件间的法律适用差异，[2]在动机上因缺乏明确的统一法律适用职责要求而几乎仅关注判决结果。

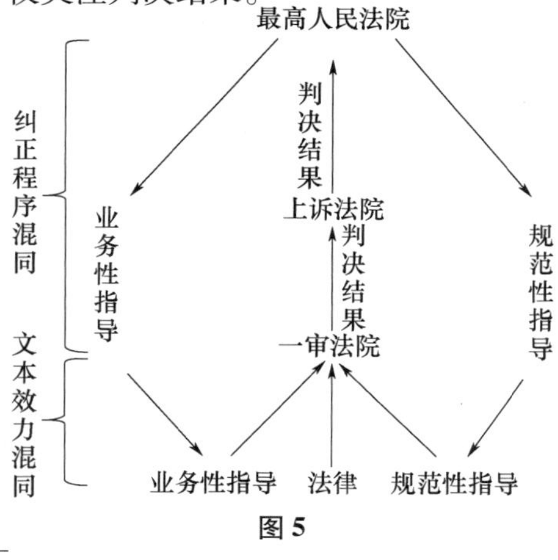

图5

〔1〕傅郁林：《审级制度的建构原理——从民事程序视角的比较分析》，《中国社会科学》2002年第4期，第93页。

〔2〕江苏高院研究室课题组李后龙、徐安欣、蒋飞：《形成法官职业共同体：法律适用统一的一种路径选择——关于法律适用沟通交流机制的实证研究》，《法律适用》2007年第3期，第15页。

质言之，一方面由于最高人民法院宏观指导的繁乱和法官不敢裁量规则适用关系，使业务性指导与规范性指导、法律产生了效力混同，甚至业务性指导取代法律原意；另一方面，法律适用差异仅能够作为判决结果的附属品进入纠正程序，大量没有浮出判决结果一致性水面的法律适用差异得以存在和泛滥。

三、借鉴：同类案件法律适用差异的消除经验

许多国家已经建立起独立于判决结果的消除法律适用差异体系，其中的通约性经验值得借鉴参考。

（一）精英司法：判例约束与飞跃上诉

英美法系国家受经验主义影响，更倾向于依赖法官判断而不是规则的预先制定，[1]主要通过司法精英化来消除法律适用差异，并发展出判例约束、“飞跃上诉”等特色制度。

1. 精英主义：保证司法主体的专业能力

英美法系专业法官的准入门槛高，队伍高度精简。例如美国联邦最高法院只有9名大法官，联邦巡回上诉法院法官6到28名不等；英国最高法院也只有12名大法官，上诉法院法官仅35名；即使是一审法官，也有多年执业经验的要求。[2] 因此，法律适用主体不仅专业能力较强，且在丰富的司法实践中容易塑造趋同性的思维和理念，既增强了驾驭法律适用问题的能力，又减少了因思维异质度过高而引起的适用差异。

2. 判例约束：减少适用过程的偏离可能

判例约束是指一个判决中所含有的法律原则或规则对以后的审判具有作为一种前例的约束力或说服力。大陆法系也有判例，但相比较而言英美法系判例具有两个最突出的特点：一是其不仅具有说服力，而且具有法律上要求后案遵循前案的约束力，而大陆法系判例一般仅具说服力；二是其效力并不限于上下级法院之间，还及于同级法院乃至于不同系统的法院之间，形

---

〔1〕 於兴中：《法理学前沿》，北京：中国民主法制出版社，2015年，第40—43页。

〔2〕 王泽鉴：《英美法导论》，北京：北京大学出版社，2012年，第52—104页。

成了涵盖整个司法网络的约束机制，降低了司法过程出现法律适用差异的可能。

3. 上诉程序：重视法律适用的审查纠正

英美法系上诉程序极其重视法律适用差异问题，甚至超过事实问题。从程序静态链条来看，即使在上诉许可制下，法律适用差异的上诉机会依然延伸至程序最末端，即最后的专门由最高法院负责的法律审，而单纯的事实问题无法上诉至最高法院。从程序动态进阶来看，法律适用差异问题可以进行“飞跃上诉”（leapfrog appeal），直接从一审上诉至最高法院。相应地，最高法院只审理涉及重大法律适用问题的案件，[1]而不会受理一般案件。

（二）程序控制：个案咨询与差异发现

大陆法系国家更重视规则和程序的设计，通过自上而下的最高法院宏观指导与自下而上的同级差异上诉等，形成了一套消除法律适用差异的精密系统。

1. 职能设置：宏观指导与个案咨询

大陆法系将消除法律适用差异作为最高法院主要职能并载入立法，例如德国宪法规定联邦最高法院要确保司法统一性，法国和意大利宪法也规定其最高法院旨在保障法律的统一解释。为保证法律统一适用，欧洲国家最高法院还可以进行预防性解释，[2]即最高法院作为一个审判型法院可就下级法院提起咨询的具体案件的法律适用问题作出解释，其约束力仅适用于具体事项。

2. 审级制度：上诉利益与差异发现

大陆法系也设有专门的法律审审级，并由最高法院负责最后把关。例如在德国，对州高等法院判决向联邦法院提起上诉的，须经州高等法院许可，但若判决与联邦法院存在法律适用差异，则必须允许。在日本，法律明确规定最高法院受理上诉案件只就法律问题进行审理。为发现、消除横向法律适用差异，大陆法系还设置了“同级差异上诉”制度，即一个判决无论是与上级法院还是同级法院的法律适用存在差异，都构成法定上诉理由，我国

---

〔1〕 何家弘：《谈最高法院的定位》，载《人民法院报》2002年8月30日。

〔2〕 丁广宇：《欧洲各国最高法院保证法律统一解释的作用与机制》，《法律适用》2007年第3期，第19页。

澳门地区甚至将此延伸到同一法院内的不同合议庭之间。[1] 这实质是刺激当事人发掘法律适用差异，来弥补上诉审在跨越个案发现差异能力上的不足。

3. 方法反思：严格规则到自由裁量

大陆法系国家在极端理性主义影响下也曾错误地认为消除法律适用差异的前提是消灭法官的自由裁量权，并为此制定了数量庞大的法典和各种压制自由裁量的规则。然而，这不仅没有达到消除差异的效果，反而更增加了法律适用的不确定性，并且纠正与救济更为困难。[2] 这些国家在反思后终于认识到，法官自由裁量对消除法律适用具有不可替代的重要作用，于是它们不仅重新肯认法官自由裁量权，还采取各种措施来保障其不受干扰。[3]

（三）模式超越：职能、程序与裁量权

两大法系消除法律适用差异的不同模式可以通过以下示意图得到更为直观的认识：

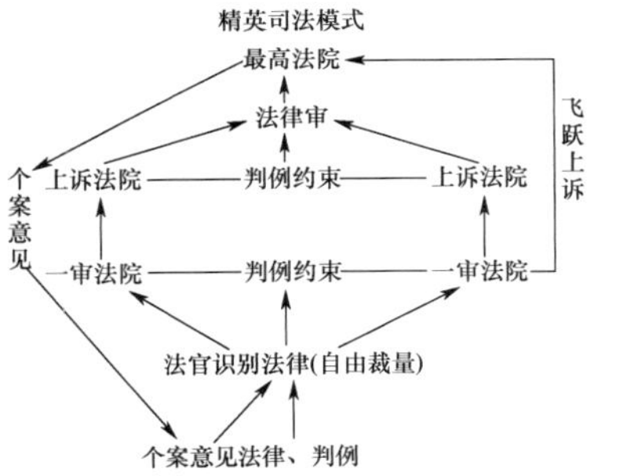

图 6

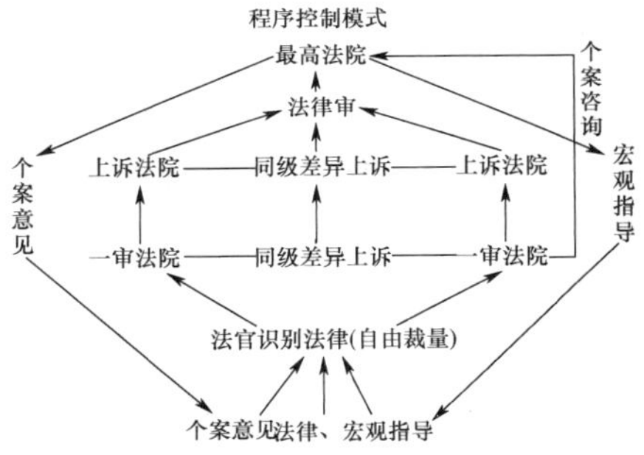

图 7

两种模式虽然有相对性的区别，但更多是超越地域、法系的通约性经验：

第一，最高法院应专注消除法律适用差异，一般不审理事实问题；并且

〔1〕《澳门刑事诉讼法典》第四百一十九条、《澳门民事诉讼法典》第五百八十三条第二款第 d）、e）项。

〔2〕徐国栋：《西方立法思想与立法史略（下）——以自由裁量与严格规则的消长为线索》，《比较法研究》1992 年第 2、3 号合刊，第 29 页。

〔3〕夏南等：《法官职业保障的欧洲标准》，载《人民法院报》2013 年 7 月 5 日。

各国都认识到法院越大、法官人数越多则自身越容易产生法律适用差异,[1]因此普遍控制最高法院规模。即使是大陆法系的德、法等国,最高法院也只有100名左右的法官。

第二,审级制度从纵向上普遍设有专门法律审,并成为过滤上诉案件、使最高法院专注消除法律适用差异的前置性条件;从横向上通过判例约束、同级差异上诉等发现或约束不同地区或法院之间的法律适用差异,并通过飞跃上诉、个案咨询等提高消除差异的效率。

第三,消除法律适用差异必须充分肯认而不是压制法官自由裁量。法官对不同规则文本的发现、辨识、适用,是减少法律适用差异发生的第一道防线并贯穿诉讼全过程,直接影响整个法律适用差异消除体系的运作效果。

四、治理:同类案件法律适用差异的矫正进路

正视法律适用差异的存在及危害,结合自身实际并借鉴吸收不同国家的通约性经验,是我国建立完整的消除法律适用差异体系的必然选择。

(一)转型:最高人民法院职能的"加"与"减"

最高人民法院应当从以纠纷解决、事实审理为主,逐步过渡到专注宏观指导,更好地发挥消除法律适用差异的职能。

1."加":顶层定位与分级协作

"加"是指最高人民法院应当明确把统一法律适用作为自己的中心职责,集中精力做好宏观指导工作。同时,面对全国3000多个法院、近万基层法庭以及近20万的法官队伍,在最高人民法院的指导下建立起各级法院协作机制是当前的现实要求。

其中,省一级法院是总领区域性职责的最佳角色。相比一审法院,省高院以二审案件为主,更有条件关注法律适用问题;相比最高人民法院,省高院对辖区内问题更清楚,信息反馈更直接;更重要的是随着省级以下法院的统一管理改革,省高院将更有能力承担消除辖区内法律适用差异的任务。

---

[1] [德]布鲁诺·里梅尔施帕赫尔:《上诉条件》,载米夏埃尔·施蒂尔纳编《德国民事诉讼法学文萃》,赵秀举译,北京:中国政法大学出版社,2005年,第602页。

因此，省高院应当成为辖区内的“区域最高法院”，形成最高人民法院宏观指导、省高院总领本辖区、各级法院各负其责的统一法律适用协作体系，并在条件成熟时以立法形式载入法院组织法。

2.“减”：任务减负与规模瘦身

“减”的一方面是指“减负”，纠纷解决职能的过分发挥会消减其他职能的实现程度，[1] 而我国经济、文化发展不平衡性超过了任何一个改革样本国家，因此更应对级别管辖制度进行修改，把纠纷解决逐步移交下级法院，除涉及普遍性的法律适用问题外，最高人民法院不再承担具体个案的审理。另一方面是指“瘦身”，即缩小最高人民法院的规模，我国最高人民法院法官进入门槛过低，队伍规模过于庞大，不仅无法保证普遍较高的专业能力，而且容易因适用主体过多而引发更多的法律适用差异。对此，应结合员额制改革逐步提高最高人民法院进入门槛，精简法官队伍。

此外，还应建立起规范的业务性指导流程。第一，建立起上下畅通并具有自我校正能力的审判实践意见反馈渠道。雇员伤亡雇主责任的法律适用差异问题早已引起各方关注，缺乏的只是有效反馈并及时调整的机制。第二，鉴于最高人民法院著述等业务性指导的很多观点并不必然会上升为规范性指导，今后可考虑改用国家法官学院等名义发布。第三，明确业务性指导的效力为“参考”，以区别于法律以及规范性指导的效力，指导意见成熟后再上升为司法解释或指导案例。

（二）正名：法官自由裁量的“扬”与“抑”

只有承认法官自由裁量正当性及其地位，合理划定规范与限制的边界，才能真正实现消除法律适用差异的目标。

1.“扬”：地位承认与职业发展

“扬”，是要尽快改变过往片面强调严格规则，导致法官不敢评判规则适用关系的做法，转而公开肯认法官自由裁量权并予以合理激励。有研究表明，法官裁量论证充分与否主要取决于是否有制度激励而非法官个人素养的高低，[2] 即使我国是成文法国家而难以授予法官“规则之治”的荣誉，但

---

〔1〕 左卫民：《最高法院若干问题比较研究》，《法学》2003 年第 11 期，第 6 页。

〔2〕 苏力：《判决书的背后》，《法学研究》2001 年第 3 期，第 9 页。

也要体现说理充分与否的差别，使法官不仅仅满足于个案的纠纷解决。因此，应加强法官档案建设，对在裁判文书中充分论述且积极消除法律适用差异的，记入档案并作为法官业绩考核的一个重要指标。

同时，由于科层制的组织体系中，下级法官过度依赖上级指示的原因之一在于上级法院的人事影响力，今后法官晋升及职业发展应更多交给不具行政隶属关系的第三方进行。目前，多地探索的法官遴选委员会是一个较好的选择。

2. "抑"：边界厘定与问责后果

"抑"，是指合理划定法官自由规量规范边界，避免法官因行政上的过度追责而盲从上级指导。应明确法官责任仅限于已经经过确认的贪污受贿、徇私舞弊、枉法裁判行为，除此以外的所有正常履职行为，无论引起上诉改判还是审判监督程序，都不得引起追责或负面评价。法官问责体系应进一步细化为两种性质：一种性质是对于故意实施的枉法裁判行为追究刑事责任；另一种性质是并非故意而只是因业务水平所致的错误裁判行为，其中，对一般过失不予追究，对造成严重后果或多次过失的予以弹劾。

（三）增能：审级制度设计的"纵"与"横"

我国审级制度应从静态的程序链条上增强消除法律适用差异的功能，并从动态的程序进阶上提高消除差异的效率。

1. "纵"：法律审级与个案飞跃

在纵向上，增加专门法律审的"半个审级"。一方面，我国同质化的两审制度无力应对一审法律适用差异问题；另一方面，从样本判例的二审改判来看，目前二审还需要纠正赔偿数额计算等较为简单的事实错误，难以轻言缩小二审审理范围，因此应增加专门审查法律适用问题的审理层级。所谓"半个审级"是指该法律审采取上诉许可而非上诉权利制，[1] 即当事人在二审后可专就法律适用差异提起上诉，但由二审法院决定是否准许；不予准许的，当事人可就不予准许的裁定提起上诉。这并不是"三审终审制"，其功能在于消除法律适用差异而不是当事人权利救济。

同时，还应注意提高纠正效率。在我国，虽然有案件批复与提审等制

---

〔1〕 黄国昌：《民事诉讼理论之新开展》，北京：北京大学出版社，2008年，第433—435页。

度,但不足以成为与飞跃上诉等相似的制度载体,对涉及普遍性法律适用差异问题的个案,应开通飞跃上诉的“绿色通道”。该制度不同于提审,针对的是未生效案件而非生效裁判;也不同于案件批复,不需要沿着上下级法院逐级上报。具体而言,审理法院(无论一审、二审法院)具有启动权,可就具普遍性法律适用问题的案件向省高院申请上报最高人民法院审理;省高院具有审查权,审查确具此类问题的案件则上报最高人民法院;最高人民法院具有决定权,视问题重要性及是否已形成成熟的解决意见而决定是否受理。

2.“横”:同级差异与纠正效力

在横向上,应允许案件当事人就其他判例与本案在同一问题上的法律适用差异作为法定上诉理由。法律适用差异常发生在横向的不同法院乃至合议庭之间,设置同级差异上诉制度有利于刺激当事人发现差异的利益冲动,增强上诉程序跨越个案发现法律适用差异的能力。

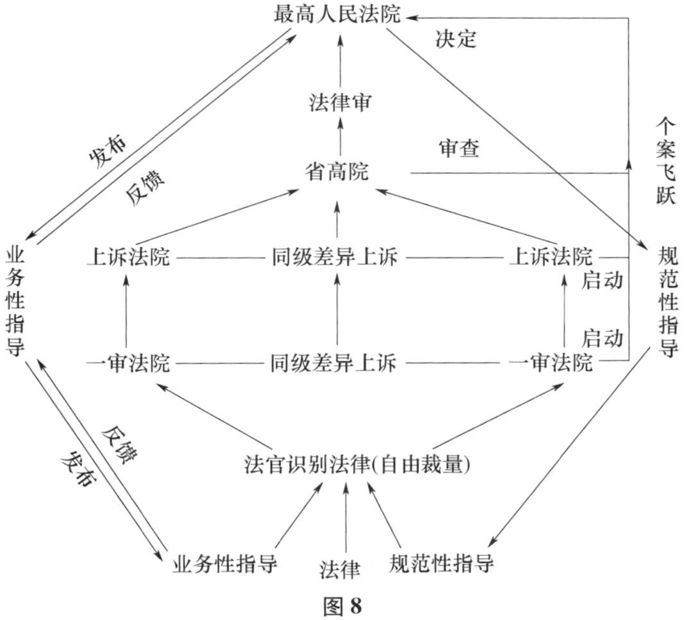

图 8

需要指出的是,由于法律规则的抽象性、滞后性及法官思维异质等,法律适用差异性不可能绝对消除,[1]并且出于法的安定性和裁判权威性的维

〔1〕 孙海龙、高伟、李小鹏等:《法官职业思维对统一法律适用的作用》,《人民司法》2007 年第 15 期,第 69 页。

护，法律适用差异的纠正一般不发生溯及既往效力，即其目的在于将来时的维护法律适用统一，而非现在时的权利救济或过去时的挑战判决既判力。

至此，初步形成最高人民法院专注宏观指导，法官裁量规则适用关系，审级程序能够发现、纠正法律适用差异并设有个案飞跃等便捷通道，功能与效率并具的独立于判决结果的消除法律适用差异体系。

五、结语：局限与展望

法律适用与判决结果共同构成同类案件相同处理的主要内涵，前者却常常因个案纠纷的解决或当事人利益得到填补而被忽视，因此，本文论题的提出本身就已经不无裨益。而且，独立研究这个问题有助于我们获得与过往不一样的视角，例如对最高人民法院业务性指导的检视，对法官自由裁量习惯于隐性运作的反思，以及审级制度的改进等。必须承认的是，本文在研究样本上具有一定的案件类型局限性，在研究进路上偏重制度设计而疏于对裁判者主体因素的分析，在研究范式上未能建立起评价、指导消除法律适用差异的理论框架，这些都有待今后进一步研究和深化。

（初审：巢志雄）

稿约

孙中山先生创办中山大学，以博学、审问、慎思、明辨、笃行为训，立灌输及研究高深学理与技术并因应国情力图推广其应用为旨，勉励学者诸君立志要做大事，不可要做大官，肩责之道，勉术学问，琢磨道德，爱惜光阴，发奋读书，研究为人类服务之各种学问，非学问无以建设。《中山大学法律评论》学术集刊为中山大学法学院创刊自 1999 年，秉承学术乃天下公器，谨遵孙逸仙先生之激励，倡导学术自觉，追求学术品质，提倡关怀世界、著立经典，立志为学问，力求为法学学术及法治进步贡献点滴。本刊设主题研讨、论文、评论、争鸣、阅读经典等固定栏目及笔谈、论坛、判例等机动栏目，实行匿名投稿制、初审编辑与同行专家匿名审稿制和一票否决制，对来稿不限体裁和篇幅，不考虑作者身份和背景，特别看重思想原创、关注现实、观点独到、论证严密、问题意识强烈，重视学术水准和学术规范，一切从学术出发。

本刊竭诚欢迎持续赐稿。为贯彻学术标准及学术质量至上，公正对待每一篇来稿，为作者和读者奉献经严格审查的高质量文稿，本刊倡导匿名投稿制。所有来稿请一律隐去作者信息，确保不出现姓名、单位、学历、职称、职务、地址、基金项目和注释中的“拙著”“拙文”等任何表明作者身份与背景的信息，且请勿以投稿程序以外的任何方式影响审稿。来稿请以文稿标题为主题的电子邮件，发送至 sysulawreview@126.com 抄送 lawrev@mail.sysu.edu.cn，并附有内容提要、关键词和英文标题。编辑部将对每一篇来稿组织匿名评审程序以后，按照您投稿的电子邮箱回复审稿意见及是否用稿的通知，并在通知决定用稿时方才请您补充刊发文稿所必要的作者信息与通信方式。我们坚信，这是我们刊物对任何一篇来稿、对广大作者和读者最为真诚的负责和崇敬，恳请每一位投稿作者鼎力支持，敬请广大作者和读者对所刊发的文稿进行关注。

本刊发表的著述观点均属作者本人，不代表本刊立场，作者应保证对其来稿享有著作权且尚未发表，译者应保证译本获得授权许可且未侵犯原作者或出版者权利。除来稿声明保留外，视为同意本刊拥有以非专有方式向第三人授予所发表作品电子出版权、信息网络传播权和数字化汇编、复制权，以及向各种文摘类刊物推荐转载的权利。欢迎对所刊文章的转载、摘登、翻译和结集出版，但应尊重原作者著作权利，且注明系转自本刊及原作者、译校者署名并进行通知。

附:《中山大学法律评论》注释体例

一、一般规定

1. 全文采用脚注,注释序号以阿拉伯数字上标;标题及作者简介信息注以星号上标。

2. 引用文献的必备要素及一般格式为“[国籍]责任者与责任方式:《文献标题》(版本与卷册),出版地:出版者,出版时间,起止页码。”

3. 所引文献若为撰著,不必说明责任方式,否则,应注明“编”“主编”“编著”“整理”“编译”“译”“校注”“校订”等责任方式。

4. 非引用原文者,注释前应以“参见”引领;非引自原始资料者,应先注明原始作品相关信息,再以“转引自”引领注明转引文献详细信息;凡有“参见”“转引自”“摘自”等引领词者,作者与书名之间不用“:”隔开。

5. 引证信札、访谈、演讲、电影、电视、广播、录音、馆藏资料、未刊稿等文献资料,应尽可能明确详尽,注明其形成、存在或出品的时间、地点、机构等能显示其独立存在的特征。

6. 外文文献遵循该语种通常注释习惯。

二、注释范例

1. 著　作

季卫东:《法治构图》,北京:法律出版社,2012 年,第 56 页。

参见季卫东《法治构图》,北京:法律出版社,2012 年,第 56 页。

2. 论　文

王利明:《惩罚性赔偿》,《中国社会科学》2000 年第 4 期,第 116 页。

3. 集　刊

贺卫方、苏彦新、徐忠明、任强:《法治及其西方资源》,载谢进杰主编《中山大学法律评论》第 9 卷第 1 辑,北京:法律出版社,2011 年,第 56 页。

4. 文　集

陈光中:《中国刑事诉讼法的特点》,载陈光中《陈光中法学文集》,北京:中国法制出版社,2000 年,第 258 页。

5. 教　材

江平主编:《民法学》(第二版),北京:中国政法大学出版社,2011 年,第 96页。

6. 译　作

[美]贝勒斯:《法律的原则——一个规范的分析》,张文显等译,北京:中国大百科全书出版社,2002 年,第 156 页。

7. 报　纸

徐忠明:《学术训练与大学时光——2011 届新生开学典礼致辞》,载《中山大学法学院院报》2011 年 9 月 25 日,第 8 版。

8. 古　籍

沈家本:《沈寄簃先生遗书》(甲编),第 43 卷,第 123 页。

9. 学位论文

吴洪淇:《证据法的运行环境与内部结构》,北京:中国政法大学博士学位论文,2010 年,第 26 页。

10. 会议论文

黄瑶:《military intervention under the doctrine of the Responsibility To Protect (R2P)》,发表于"亚洲国际法学会第三届双年会",北京,2011 年 8 月 27 - 28 日。

11. 学术报告

陈弘毅:《香港特别行政区与台湾地区的法治和民主:比较与反思》,发表于中山大学法学院"方圆大视野"系列高端公益论坛第十九期,广州,2013 年 1 月 8 日。

12. 研究报告

丁利:《理性、进化与均衡:博弈论解概念及其基础》,中国社会科学院经济研究所博士后工作报告,北京,2002 年 9 月,第 23 页。

13. 网络文献

《中国法学会国际经济法学研究会 2011 年年会在中山大学隆重召开》,登载于"国际经济法网",网址:http://ielaw. uibe. edu. cn/html/yanjiuhuizhichuang/20111120/17079. html,访问时间:2011 年 12 月 21 日。

14. 外文文献

D. James Greiner, Cassandra Wolos Pattanayak and Jonathan Hennessy,

The Limits of Unbundled Legal Assistance: A Randomized Study in a Massachusetts District Court and Prospects for the Future, 126 *Harvard Law Review* 901 (2013).

Larissa van den Herik and Nico Schrijver (eds.), *Counter – Terrorism Strategies in a Fragmented International Legal Order: Meeting the Challenges*, Cambridge: Cambridge University Press, 2013, p. 156.